“尊法守法·携手筑梦”
服务农民工公益法律服务行动

职工权益维护法律知识微手册

中华全国总工会法律工作部◎编著

中国工人出版社

目　录

劳动合同篇

工作时间与休息休假篇

欠薪维权篇

职业病防治篇

女职工特殊权益保护篇

生活保障篇

劳动争议处理篇

工会维权篇

新冠病毒感染与劳动关系问题篇

新就业形态劳动者劳动保障权益维护篇

劳动合同篇

01 为什么要与用人单位签订书面劳动合同?

劳动合同是劳动者与用人单位明确权利和义务的协议。签订书面劳动合同是证明劳动者与用人单位存在劳动关系的最直接、最基本的证据，也是在发生劳动争议后寻求法律救济的重要依据。如果没有书面劳动合同而仅凭口头约定，那么在履行劳动合同的过程中及发生劳动争议后，双方的权利义务很难确定，甚至可能由于没有劳动合同导致劳动争议处理部门对劳动者的举报或申诉不予受理。

律师提醒

劳动合同绝不是可有可无的，俗话说“空口无凭，立字为据”，书面的凭据很重要。劳动者到用人单位工作，应当签订书面劳动合同，这才是对劳动者权利最有效的保障。

02 劳动合同应当包括哪些内容?

《中华人民共和国劳动合同法》(以下简称

《劳动合同法》）第十七条第一款规定，劳动合同应当具备以下条款：

（1）用人单位的名称、住所和法定代表人或者主要负责人；

（2）劳动者的姓名、住址和居民身份证或者其他有效身份证件号码；

（3）劳动合同期限；

（4）工作内容和工作地点；

（5）工作时间和休息休假；

（6）劳动报酬；

（7）社会保险；

（8）劳动保护、劳动条件和职业危害防护；

（9）法律、法规规定应当纳入劳动合同的其他事项。

律师提醒

劳动合同除上述规定的必备条款外，用人单位可以与劳动者约定试用期、培训、保守秘密、补充保险和福利待遇等其他事项。

03 签订劳动合同应当注意哪些事项？

根据《劳动合同法》的相关规定，签订劳动

合同应注意以下事项：

（1）劳动者的姓名、住址、居民身份证或者其他有效身份证件号码，以及用人单位的名称、住所、电话、法定代表人姓名等，一定要全部填写清楚。尤其是用人单位的名称要写全称，住所一定要填写准确。

（2）合同内容中的工资报酬、工作岗位和工作地点一定要写清楚，这是最容易发生纠纷的地方。

（3）不要签空白合同，更不要在空白纸上签字。空白合同是指在劳动合同期限、工资、工作岗位等涉及劳动者切身利益的内容部分是空白的，由于这样的合同不完整，一旦签字后，用人单位就可能在空白处填写对劳动者不利的内容。

（4）劳动合同签订后，应由双方签字盖章，并由双方各保存一份。

律师提醒

有些合同中约定了一些不合法的内容，例如，女职工不得结婚生育，因工负伤的“工伤自理”，甚至签订生死合同，等等，这些条款从法律上讲都是无效的，即使劳动者签了也没有法律效力，但是合同的其他部分仍然有效。所以，如果合同里有违法条款，确有必要时，劳动者也可以签订该合同，合法权益不会因此受损。

04 用人单位不愿签订书面劳动合同，劳动者该怎么办？

在这种情况下，劳动者与用人单位之间只能建立事实劳动关系。原劳动和社会保障部发布的《关于确立劳动关系有关事项的通知》第一条规定：“用人单位招用劳动者未订立书面劳动合同，但同时具备下列情形的，劳动关系成立。（一）用人单位和劳动者符合法律、法规规定的主体资格；（二）用人单位依法制定的各项劳动规章制度适用于劳动者，劳动者受用人单位的劳动管理，从事用人单位安排的有报酬的劳动；（三）劳动者提供的劳动是用人单位业务的组成部分。”

为避免发生劳动纠纷后权益受损，劳动者要想办法取得并妥善保存与用人单位之间存在劳动关系的证据。根据《关于确立劳动关系有关事项的通知》第二条的规定，“用人单位未与劳动者签订劳动合同，认定双方存在劳动关系时可参照下列凭证：（一）工资支付凭证或记录（职工工资发放花名册）、缴纳各项社会保险费的记录；（二）用人单位向劳动者发放的‘工作证’、‘服务证’等能够证明身份的证件；（三）劳动者填写的用人单位招工招聘‘登记表’、‘报名表’等招用记录；（四）考勤记录；（五）其他劳动者的证言等”。具体而言，这些证据主要包括：用人单位出具的从哪一天开始上班、做什么工作的书面证明；工友出具的从哪一天开始上班、做什么工作的书面证明；上岗证、出入证、考勤卡、工资卡、工资清单、微信记录、支付凭证等。如果上述证据都无法获取，劳动者需要用书面形式记录下该单位的名称、法人代表的姓名和联系方式以及从什么时间开始在该单位上班、每天的工作内容和工作时间、工友都有谁。如果工作一个月后，仍然没有签订书面劳动合同，就可以申请仲裁，主张未签订劳动合同的二倍工资差额。

律师提醒

有些用人单位不愿意和劳动者签订劳动合同，但劳动者要知道在这种情况下如何保护自己的合法权益。我们知道在发生劳动纠纷后寻找证据往往很难，因此，自己提前保存好证据很重要，工作中要及时收集相关证据，防患于未然。

05 试用期时间是多长？试用期内用人单位可以随意解除劳动关系吗？

根据《劳动合同法》第十九条的规定，劳动合同期限在三个月以上不满一年的，试用期不得超过一个月；劳动合同期限一年以上不满三年的，试用期不得超过二个月；三年以上固定期限和无固定期限的劳动合同，试用期不得超过六个月。

同一用人单位与同一劳动者只能约定一次试用期。

以完成一定工作任务为期限的劳动合同或者劳动合同期限不满三个月的，不得约定试用期。

试用期包含在劳动合同期限内。劳动合同仅约定试用期的，试用期不成立，该期限为劳动合同期限。

试用期内用人单位可以依法解除劳动关系。如果试用期内用人单位证明劳动者确实不符合录用条件而解除了劳动合同，劳动者是不能要求单位支付经济补偿的。但劳动者在试用期内有权利要求用人单位支付劳动报酬、缴纳社会保险费。

律师提醒

试用期是劳动者与用人单位双方互相适应的一个阶段，但劳动者仍然享有法律规定的相应权利。

06 劳动者在什么情况下有权要求签订无固定期限劳动合同？

《劳动合同法》第十四条明确规定了用人单位与劳动者协商一致，可以订立无固定期限劳动合同。有下列情形之一，劳动者提出或者同意续订、订立劳动合同的，除劳动者提出订立固定期限劳动合同外，应当订立无固定期限劳动合同：

（1）劳动者在该用人单位连续工作满十年的；

（2）用人单位初次实行劳动合同制度或者国有企业改制重新订立劳动合同时，劳动者在该用人单位连续工作满十年且距法定退休年龄不足十年的；

（3）连续订立二次固定期限劳动合同，且劳动者没有本法第三十九条和第四十条第一项、第二项规定的情形，续订劳动合同的。

用人单位自用工之日起满一年不与劳动者订立书面劳动合同的，视为用人单位与劳动者已订立无固定期限劳动合同。

律师提醒

签订无固定期限劳动合同是劳动者的权利，尤其在同一个用人单位连续工作十年以上的劳动者，就应当更加注意保护自己的合法权益。

07 无固定期限劳动合同能解除吗？解除后有没有经济补偿金？

只要用人单位和劳动者符合《劳动合同法》第三十六条至第四十一条的规定，无固定期限劳动合同是可以解除的。

如果劳动者想解除无固定期限劳动合同，应当提前 30 日以书面形式通知用人单位，用人单位不需要支付经济补偿。但如果劳动者违反法律规定或劳动合同的约定而解除劳动关系，给用人单位造成损失的，应当承担赔偿责任。

《劳动合同法》第四十六条第一项规定，在因用人单位存在过错，劳动者提出解除无固定期限劳动合同的情况下，用人单位应当向劳动者支付经济补偿。另外，如果用人单位以暴力、威胁或者非法限制人身自由的手段强迫劳动的，或者用人单位违章指挥、强令冒险作业危及劳动者人身安全的，劳动者可以立即解除劳动合同，无须事先告知用人单位。用人单位应当向劳动者支付经济补偿。

律师提醒

无固定期限劳动合同并非不能解除。如果是在用人单位存在过错，劳动者提出解除无固定期限劳动合同的情况下，用人单位应当按照法律的规定给予相应的经济补偿。

08 哪些情况下，用人单位应当向劳动者支付经济补偿？

根据《劳动合同法》第四十六条的规定，用人单位支付解除劳动合同经济补偿的情形主要有以下几种：

（1）经劳动合同当事人协商一致，由用人单位解除劳动合同的；

（2）劳动者患病或者非因工负伤，在规定的医疗期满后不能从事原工作，也不能从事用人单位另行安排的工作，而由用人单位解除劳动合同的；

（3）劳动者不能胜任单位安排的工作，经过用人单位培训或者调整工作岗位仍不能胜任工作，由用人单位解除劳动合同的；

（4）劳动合同订立时所依据的客观情况发生重大变化，致使原劳动合同无法履行，经当事人协商不能就变更劳动合同达成协议的，由用人单位解除劳动合同的；

（5）用人单位濒临破产进行法定整顿期间或者生产经营状况发生严重困难，确需裁减人员的，提前30日向工会或者全体职工说明情况，听取工会或者职工的意见，向劳动行政部门报告后，裁减人员的；

（6）企业转产、技术革新、经营方式调整，经变更劳动合同后，仍需要裁减人员的；

（7）除用人单位维持或者提高劳动合同约定条件续订劳动合同，劳动者不同意续订的情况外，劳动合同期满而终止固定期限劳动合同的；

（8）用人单位被依法宣告破产的；

（9）用人单位被吊销营业执照、责令关闭或者用人单位决定提前解散的。

此外，《劳动合同法》还规定了在某些特殊情形下劳动者主动解除劳动合同仍然可以要求经济补偿的情形：

（1）用人单位未按照劳动合同约定提供劳动

保护或劳动条件的；

（2）用人单位未及时足额支付劳动报酬的；

（3）用人单位未依法为劳动者缴纳社会保险费的；

（4）用人单位的规章制度违反法律、法规的规定，损害劳动者权益的；

（5）用人单位以欺诈、胁迫的手段或者乘人之危，使劳动者在违背真实意思的情况下订立或者变更劳动合同的；

（6）用人单位以暴力、胁迫或者非法限制人身自由的手段强迫劳动者劳动的，或者违章指挥、强令冒险作业危及劳动者人身安全的，劳动者可以立即解除劳动合同而无须事先告知用人单位，并可以要求经济补偿；

（7）法律、行政法规规定的其他情形。

律师提醒

一般来说，劳动者主动辞职是不能主张经济补偿的。因此，如果用人单位辞退劳动者时要求写“因个人原因离职”，否则不给工资或者经济补偿，劳动者最好也不要写，应立即收集证据提起劳动仲裁申请。

09 在什么情况下劳动者可以解除劳动合同？

根据《中华人民共和国劳动合同法实施条例》（以下简称《劳动合同法实施条例》）第十八条的规定，劳动者在以下情形中可以解除劳动合同：

（1）劳动者与用人单位协商一致的；

（2）劳动者提前 30 日以书面形式通知用人单位的；

（3）劳动者在试用期内提前 3 日通知用人单位的；

（4）用人单位未按照劳动合同约定提供劳动保护或者劳动条件的；

（5）用人单位未及时足额支付劳动报酬的；

（6）用人单位未依法为劳动者缴纳社会保险费的；

（7）用人单位的规章制度违反法律、法规的规定，损害劳动者权益的；

（8）用人单位以欺诈、胁迫的手段或者乘人之危，使劳动者在违背真实意思的情况下订立或者变更劳动合同的；

（9）用人单位在劳动合同中免除自己的法定责任、排除劳动者权利的；

（10）用人单位违反法律、行政法规强制性规定的；

（11）用人单位以暴力、威胁或者非法限制人身自由的手段强迫劳动者劳动的；

（12）用人单位违章指挥、强令冒险作业危及劳动者人身安全的；

（13）法律、行政法规规定劳动者可以解除劳动合同的其他情形。

律师提醒

即使是劳动者提出解除劳动合同的，只要符合上述第 4 项至第 12 项的情形，用人单位也要支付经济补偿。

10 用人单位在什么情况下不能解除劳动合同？

根据《劳动合同法》第四十二条的规定，劳动者有下列情形之一的，用人单位不得依照本法第四十条、第四十一条的规定解除劳动合同：

（1）从事接触职业病危害作业的劳动者未进行离岗前职业健康检查，或者疑似职业病病人在诊断或者医学观察期间的；

（2）在本单位患职业病或者因工负伤并被确认丧失或者部分丧失劳动能力的；

（3）患病或者非因工负伤，在规定的医疗期内的；

（4）女职工在孕期、产期、哺乳期的；

（5）在本单位连续工作满十五年，且距法定退休年龄不足五年的；

（6）法律、行政法规规定的其他情形。

律师提醒

在以上几种情况中，用人单位不得依据《劳动合同法》第四十条、第四十一条的规定解除劳动合同，但出现《劳动合同法》第三十九条所规定的情形，用人单位依然享有解除权。

11 用人单位能单方调岗、降薪吗？

调岗、降薪都是变更劳动合同的行为，劳动合同一经签订后，双方当事人就应当按照合同的约定，全面履行各自的义务，任何一方均不得随意变更。如果因客观情况发生变化，需要变更劳动合同的，根据《劳动合同法》第三十五条的规定，双方应当协商一致，并采用书面形式变更劳动合同。因此，变更劳动合同需要遵循协商一致的原则，用人单位或者劳动者均不能单方擅自变更。

不过，法律也规定了在特定情形下，用人单位可以单方面变更劳动合同，根据《劳动合同法》第四十条的规定，这些情况主要指：

（1）劳动者患病或者非因工负伤，在规定的医疗期满后不能从事原工作的，用人单位可以另行安排其他适当的工作；

（2）劳动者不能胜任工作的，用人单位可以安排劳动者培训或者调整工作岗位。

此外，如果劳动合同订立时所依据的客观情况发生重大变化，致使劳动合同无法履行的，用人单位也可以提出变更合同，但需要与劳动者协商一致。

在以上几种情形下，劳动者如果不同意变更

劳动合同的，用人单位可以解除合同，但应当依照法律规定支付经济补偿。

如果用人单位单方面强行变更劳动合同，劳动者有权拒绝，并可以申请劳动仲裁，要求单位履行原劳动合同。

律师提醒

劳动者虽然不同意变更合同内容，但在单位的要求下，仍然按照变更后的合同履行的，就被视为事实上认可了合同的变更。比如，单位要求变更工作岗位，劳动者虽然表示不同意，但仍然到新岗位工作，视为同意合同变更。

12 终止（解除）劳动合同后，用人单位应当为劳动者出具哪些手续？

根据《劳动合同法》第五十条、《劳动合同法实施条例》第二十四条的相关规定，劳动者与用人单位终止（解除）劳动关系后，用人单位应当在终止或解除劳动合同之日出具终止（解除）劳动合同的证明书，证明书中写明劳动合同期限、终止（解除）的日期、所担任的工作职务，并应在 15 日内为劳动者办理档案和社会保险转移手续。证明书可以作为劳动者享受失业保险待遇和失业登记、求职登记的凭证；并在劳动者向新的用人单位求职时，该证明书是终止与原单位劳动关系的凭证。用人单位对已经终止的劳动合同文本，应当保存 2 年以上备查。同时，劳动者应当按照双方约定，遵循诚实信用的原则办理工作交接。

律师提醒

终止（解除）劳动合同证明书应写明劳动合同期限、终止或解除的日期、担任的工作职务等重要信息。

13 劳动者提前辞职需要向用人单位支付违约金吗？

用人单位与劳动者可以在劳动合同中约定由劳动者承担违约金的情形，但是，根据《劳动合同法》第二十二条至第二十五条以及《劳动合同法实施条例》第二十六条的规定，约定违约金仅限于两种情况：

（1）用人单位为劳动者提供专项培训费用，对其进行专业技术培训的，可以与劳动者约定服务期，劳动者违反服务期约定的，应当按照约定向用人单位支付违约金。违约金的数额不得超过用人单位提供的培训费用，用人单位要求劳动者支付的违约金不得超过服务期尚未履行部分所应分摊的培训费用。

（2）对负有保密义务的劳动者，用人单位可以与劳动者约定竞业限制条款，劳动者违反竞业限制约定的，应当按照约定向用人单位支付违约金。在约定违约金数额时，用人单位应当考虑到劳动者的岗位接触商业秘密的重要程度以及获取成本、劳动者的收入、获得补偿的数额、违约行为可能造成的损害程度、是否可以弥补等多方面因素，合理确定。根据《中华人民共和国民法典》（以下简称《民法典》）第五百八十五条的规定，用人单位要求劳动者支付违反竞业限制约定的违约金的，原则上应当以实际损害为限。

除上述两种情形外，用人单位不得约定劳动者承担违约金的其他情形，如果约定了也是无效的。

律师提醒

如果劳动者是依据《劳动合同法》第三十八条的规定解除劳动合同的，即使违反了服务期的约定，劳动者也不需要承担法律责任。但如果劳动者因过错而致使用人单位解除了有服务期约定的劳动合同，劳动者仍然要按照约定向用人单位支付违约金。

14 用人单位没有告知劳动者单位内部规章制度，能以此来处罚吗？

根据《劳动合同法》第四条的规定，用人单位在制定涉及劳动者切身利益的规章制度或者重大事项时，应当经职工代表大会或者全体职工讨论，提出方案和意见，与工会或者职工代表平等协商确定；工会或者职工认为不适当的，有权向用人单位提出，通过协商予以修改完善；用人单位应当将直接涉及劳动者切身利益的规章制度和重大事项决定公示，或者告知劳动者。

简单来说，规章制度要合法有效，必须具备三个条件：一是规章制度的内容合法有效；二是需要经过民主程序制定；三是需要告知劳动者。

律师提醒

如果用人单位制定的规章制度没有告知过劳动者，却依据该制度处罚或者解雇劳动者，这是无效的，可以通过调解、仲裁、诉讼来要求撤销单位的处罚或者解雇决定。

15 什么是劳务派遣，劳务派遣用工与劳动合同用工的区别是什么？

所谓劳务派遣，即劳动力租赁，是由劳务派遣单位与劳动者订立劳动合同并支付报酬，把劳动者派向其他用工单位，再由用工单位向劳务派遣单位支付一笔服务费用的用工方式。而劳务派遣工指的就是被派遣的劳动者。

劳务派遣用工与劳动合同用工相比，存在如下区别。

（1）期限不同

劳务派遣合同的期限比较明确，为2年以上固定期限；而劳动合同分为固定期限劳动合同、无固定期限劳动合同和以完成一定工作任务为期限的劳动合同，其中固定期限的长短用人单位和劳动者可以自由约定。

（2）解除劳动合同不同

《劳动合同法》第六十五条规定，被派遣劳动者有本法第三十九条和第四十条第一项、第二项规定情形的，用工单位可以将劳动者退回劳务派遣单位，劳务派遣单位依照本法有关规定，可以与劳动者解除劳动合同。

《劳务派遣暂行规定》第十五条规定，被派遣劳动者因本规定第十二条规定被用工单位退回，劳务派遣单位重新派遣时维持或者提高劳动合同约定条件，被派遣劳动者不同意的，劳务派遣单位可以解除劳动合同。

律师提醒

对于劳务派遣的劳动争议仲裁和诉讼，应当将用人单位与用工单位均列为当事人，用工单位违法的要与用人单位一起承担连带责任。

16 什么是超龄农民工？

我国在法律上并没有“超龄农民工”的概念，简单来说，超龄农民工就是超过国家法定退休年龄仍在务工的农民工。原劳动和社会保障部《制止和纠正违反国家规定办理企业职工提前退休有关问题的通知》规定，目前国家法定的企业职工退休年龄是：男年满 60 周岁，女工人年满 50 周岁，女干部年满 55 周岁。从事井下、高空、高温、特别繁重体力劳动或其他有害身体健康工作的，退休年龄为男年满 55 周岁、女年满 45 周岁；因病或非因工致残，由医院证明并经劳动鉴定委员会确认完全丧失劳动能力的，退休年龄为男年满 55 周岁、女年满 45 周岁。超过上述法定退休年龄而继续工作的农民工，就是超龄农民工。

17 超龄农民工还有工作的权利吗？哪些工作岗位不适合超龄农民工？

《中华人民共和国宪法》（以下简称《宪法》）第四十二条第一款明确规定，中华人民共和国公民有劳动的权利和义务。《中华人民共和国劳动法》（以下简称《劳动法》）并没有禁止超龄劳动者工作的规定。因此，超龄农民工当然有工作的权利。

但是随着年龄增大，劳动者的精力、体力等方面会有所下降，从事一定危险性的施工工作确实容易发生意外，从安全和健康考虑，有些岗位并不适合超龄农民工。例如，上海市规定，禁止18周岁以下、60周岁以上男性及50周岁以上女性三类人员进入施工现场从事建筑施工作业；同时，禁止55周岁以上男性、45周岁以上女性工人进入施工现场从事井下、高空、高温、特别繁重体力劳动或其他影响身体健康以及危险性、风险性高的特殊工作。南昌市规定，禁止以任何形式招录或使用60周岁以上男性、50周岁以上女性从事建筑施工现场“高空、高危、高风险、重体力”一线作业。

律师提醒

目前针对超龄农民工的就业限制，主要集中在建筑施工作业。因此，对于超龄农民工来说，可以选择从事保洁、保安、仓管等危险性较低的工作。

18 用人单位雇用超龄农民工存在劳动关系吗？超龄农民工能要求上社会保险吗？

《劳动合同法实施条例》第二十一条规定，劳动者达到法定退休年龄的，劳动合同终止。《最高人民法院关于审理劳动争议案件适用法律问题的解释（一）》第三十二条第一款规定，用人单位与其招用的已经依法享受养老保险待遇或者领取退休金的人员发生用工争议而提起诉讼的，人民法院应当按劳务关系处理。因此，用人单位雇用超龄农民工，目前来看双方并不存在劳动关系，而只能认定为劳务关系。由于超龄农民工已经超过国家的法定退休年龄，因此也无法继续缴纳社会保险。

律师提醒

超龄农民工继续工作的，最好与单位签订劳务协议，明确工作内容、报酬、职业伤害责任保险、劳动保护、福利待遇等权利和义务。双方发生争议后，劳动者可以依据协议维护自身权益。

工作时间与休息休假篇

19 我国法律对于劳动者的工作时间和休息休假是怎样规定的?

《国务院关于修改〈国务院关于职工工作时间的规定〉的决定》中，确立了职工每天工作 8 小时，每周工作 40 小时的工作时间制度。

根据人力资源社会保障部发布的《我国法定年节假日等休假相关标准》，劳动者的休息休假有以下五种。

（1）休息日

《劳动法》第三十八条规定，用人单位应当保证劳动者每周至少休息 1 天。随着《国务院关于修改〈国务院关于职工工作时间的规定〉的决定》的施行，劳动者的休息时间标准为工作 5 天、休息 2 天。

（2）法定年节假日

我国现行法定年节假日标准为 11 天。全体公民放假的节日：新年，放假 1 天；春节，放假 3 天；清明节，放假 1 天；劳动节，放假 1 天；端午节，放假 1 天；国庆节，放假 3 天。部分公民放假的节日及纪念日：妇女节（3 月 8 日），妇女放假半天；青年节（5月4日），14周岁以上的青年放假半天；儿童节（6月1日），不满14周岁的少年儿童放假1天；中国人民解放军建军纪念日（8月1日），现役军人放假半天。少数民族习惯的节日由各少数民族聚居地区的地方人民政府，按照各民族习惯，规定放假日期。

（3）年休假

《劳动法》第四十五条规定，国家实行带薪年休假制度。《职工带薪年休假条例》明确规定，单位职工连续工作1年以上的，享受带薪年休假。职工累计工作已满1年不满10年的，年休假5天；已满10年不满20年的，年休假10天；已满20年的，年休假15天。国家法定休假日、休息日不计入年休假的假期。

（4）探亲假

《关于职工探亲待遇的规定》规定了国家机关、人民团体和全民所有制企业、事业单位的职工探亲假标准。根据规定，职工工作满1年，与配偶不住在一起，又不能在公休假日团聚的，可以享受探望配偶的假期待遇（每年1次，假期30天），与父亲、母亲都不能住在一起，又不能在公休假日团聚的，可以享受探望父母的假期待遇（未婚职工每年1次，假期20天；已婚职工每4

年1次，假期20天）。同时，单位应根据需要给予路程假。探亲假期包括公休假日和法定假日在内。

（5）婚丧假

按照《国家劳动总局、财政部关于国营企业职工请婚丧假和路程假问题的通知》的规定，国有企业职工本人结婚或职工的直系亲属（父母、配偶和子女）死亡时，可以根据具体情况，由单位酌情给予1~3天的婚丧假。另外可根据路程远近，给予路程假。

律师提醒

如果用人单位在法定工作时间外安排劳动者加班的，应当依法支付加班费。

20 用人单位应当如何支付加班工资？

《劳动法》第四十四条规定，有下列情形之一的，用人单位应当按照下列标准支付高于劳动者正常工作时间工资的工资报酬：

（1）安排劳动者延长工作时间的，支付不低于工资的150%的工资报酬；

（2）休息日安排劳动者工作又不能安排补休

的，支付不低于工资的200%的工资报酬；

（3）法定休假日安排劳动者工作的，支付不低于工资的300%的工资报酬。

计算加班加点工资，要界定“日工资”和“小时工资”的计算方法。根据《关于职工全年月平均工作时间和工资折算问题的通知》的规定：月计薪天数为21.75天，职工的日工资和小时工资按此进行折算。据此，日工资：月工资收入÷月计薪天数；小时工资：月工资收入÷（月计薪天数×8小时）。

律师提醒

要求用人单位支付相应的加班工资是劳动者的权利，如果用人单位拒绝支付，劳动者可以向劳动监察部门举报或者向劳动仲裁部门申请仲裁。

21 休息日或法定休假日加班，用人单位可否不支付加班费而给予补休？补休的标准如何确定？

依据《劳动法》第四十四条规定，休息日（如周六、周日）安排劳动者加班工作的，应首先安排补休，不能补休时，则应支付不低于工资的

200%的工资报酬。补休时间应等同于加班时间。

法定休假日（如劳动节、春节）安排劳动者加班工作的，应支付不低于工资的300%的工资报酬，一般不安排补休。

律师提醒

如果用人单位在与劳动者签订的劳动合同或者企业内部的规章制度中规定了法定休假日只给补休，不给300%的加班工资，这样的约定或规定是无效的，用人单位不但要补发工资，还有可能需要支付赔偿金。

22 拒绝加班，单位能辞退劳动者吗？

《国务院关于职工工作时间的规定》第三条规定，在标准工时制度下，劳动者每日工作时间不超过8小时，每周工作时间不超过40小时。用人单位由于生产经营的需要，经与工会和劳动者协商后才允许延长工作时间，未经协商，单位是不能强迫劳动者加班的。因此，劳动者拒绝加班，单位也不能辞退；若强行辞退，劳动者有权申请劳动仲裁，要求恢复工作岗位，继续履行劳动合同，或者要求支付违法解雇的赔偿金。

需要注意的是，一般情况下，用人单位不得随意要求劳动者加班，但在出现紧急事件，危害公共安全和公众利益的情况下，法律允许单位延长员工工作时间。根据《劳动法》第四十二条、《劳动部贯彻〈国务院关于职工工作时间的规定〉的实施办法》第七条、《劳动部关于〈中华人民共和国劳动法〉若干条文的说明》第四十二条规定，在发生以下情形时，单位可以不经过协商，而直接决定延长工作时间：

（1）发生自然灾害、事故或者因其他原因，

使人民的健康安全和国家财产遭到严重威胁，需要紧急处理的；

（2）生产设备、交通运输线路、公共设施发生故障，影响生产和公众利益，必须及时抢修的；

（3）必须利用法定节日或公休假日的停产期间进行设备检修、保养的；

（4）为完成国防紧急任务，或者完成上级在国家计划外安排的其他紧急任务，以及商业、供销企业在旺季完成收购、运输、加工农副产品紧急任务的。

律师提醒

非特殊或非紧急情况下用人单位安排劳动者加班是违法的，即使内部规章制度中规定必须每天加班，该规定也是无效的。

23 劳动者患病或非因工负伤的医疗期如何计算？

医疗期是指企业职工因患病或者非因工负伤停止工作治病休息不得解除劳动合同的时限。根据《企业职工患病或非因工负伤医疗期规定》第三条、第四条的规定，医疗期根据职工实际参加工作年限和在本单位的工作年限，从 3 个月至 24 个月不等。

医疗期的具体时间范围为：

实际工作年限	在本单位工作年限	医疗期	累计计算周期
<10 年	年限<5 年	3 个月	6 个月内
	年限≥5 年	6 个月	12 个月内
≥10 年	年限<5 年	6 个月	12 个月内
	10 年>年限≥5 年	9 个月	15 个月内
	15 年>年限≥10 年	12 个月	18 个月内
	20 年>年限≥15 年	18 个月	24 个月内
	年限≥20 年	24 个月	30 个月内

劳动者因病或因伤休假，通常每次休养几天或一两周，不会一次性休很长时间，因此法律规定了医疗期是累计计算的，但是，累计计算是有周期限制的。其中：

医疗期为 3 个月的，按 6 个月内累计病休时间计算；医疗期为 6 个月的，按 12 个月内累计病休时间计算；医疗期为 9 个月的，按 15 个月内累计病休时间计算；医疗期为 12 个月的，按 18 个月内累计病休时间计算；医疗期为 18 个月的，按 24 个月内累计病休时间计算；医疗期为 24 个月的，按 30 个月内累计病休时间计算。

例如，应享受 3 个月医疗期的职工，如果从

2022年9月5日起第一次病休，那么，该职工的医疗期应在2022年9月5日到2023年3月5日确定，在此期间累计病休3个月即视为医疗期满。其他依此类推。病休期间，公休假日和法定节日包括在内。

律师提醒

对某些患特殊疾病（如癌症、精神病、瘫痪等）的职工，在24个月内尚不能痊愈的，经企业和劳动主管部门批准，可以适当延长医疗期。

欠薪维权篇

24 工资都由哪些部分组成？

依据国家统计局发布的《关于工资总额组成的规定》第四条的规定，工资总额由下列六个部分组成：（一）计时工资；（二）计件工资；（三）奖金；（四）津贴和补贴；（五）加班加点工资；（六）特殊情况下支付的工资。

同时，根据《关于工资总额组成的规定》第十一条的规定，有关劳动保险和职工福利方面的各项费用；出差伙食补助费、误餐补助、调动工作的旅费和安家费；劳动保护的各项支出；有关离休、退休、退职人员待遇的各项支出；劳动合同制职工解除劳动合同时由企业支付的医疗补助费、生活补助费等 14 类费用不属于工资组成部分。

律师提醒

企业可以根据自身生产经营实际，依法确定本单位员工的具体工资构成项目。职工想要清楚了解自己工资构成情况，要注意把握两点：一是签订劳动合同时，要看清其中关于工资构成的约定内容；二是领取工资时应当及时要求单位提供工资条等支付凭证并妥善保存。

25 什么是最低工资标准？

依据原劳动和社会保障部《最低工资规定》第三条的规定，最低工资标准是指劳动者在法定工作时间或依法签订的劳动合同约定的工作时间内提供了正常劳动的前提下，用人单位依法应支付的最低劳动报酬。

正常劳动，是指劳动者按依法签订的劳动合同约定，在法定工作时间或劳动合同约定的工作时间内从事的劳动。劳动者依法享受带薪年休假、探亲假、婚丧假、生育（产）假、节育手术假等国家规定的假期间，以及法定工作时间内依法参加社会活动期间，视为提供了正常劳动。

最低工资标准一般采取月最低工资标准和小时最低工资标准的形式。月最低工资标准适用于全日制就业劳动者，小时最低工资标准适用于非全日制就业劳动者。

各省、自治区、直辖市政府参考当地经济发展水平、就业状况等因素，确定和调整本地区月最低工资标准。

律师提醒

在劳动者提供正常劳动的情况下，用人单位应支付给劳动者的工资在剔除下列各项以后，不得低于当地最低工资标准：（一）延长工作时间工资；（二）中班、夜班、高温、低温、井下、有毒有害等特殊工作环境、条件下的津贴；（三）法律、法规和国家规定的劳动者福利待遇等。

劳动者由于本人原因造成在法定工作时间内或依法签订的劳动合同约定的工作时间内未提供正常劳动的，不适用《最低工资规定》的相关内容。

26 用人单位该如何支付劳动者的工资？

根据《劳动法》第五十条，《工资支付暂行规定》第五条、第六条的规定，用人单位应该直接将工资以法定货币形式按月支付给劳动者本人，如果因故不能领取工资，可以委托亲属或者其他人代为领取。用人单位也可以委托银行代发工资，将工资直接转到劳动者的银行卡上。

如果劳动者在建筑工地干活儿，用人单位应当将工资直接支付给劳动者，而不能将工资支付给承包方，再由承包方转交；也不能克扣或者以其他形式来代替劳动者的工资。

根据《工资支付暂行规定》第六条第三款的规定，用人单位必须书面记录支付劳动者工资的数额、时间、领取者的姓名以及签字，并保存2年以上备查。如果用人单位是向农民工支付工资的，根据《保障农民工工资支付条例》第十五条的规定，应当按照工资支付周期编制书面工资支付台账，并至少保存3年。书面工资支付台账应当包括用人单位名称，支付周期，支付日期，支付对象姓名、身份证号码、联系方式，工作时间，应发工资项目及数额，代扣、代缴、扣除项目和数额，实发工资数额，银行代发工资凭证或者农民工签字等内容。用人单位向劳动者支付工资时，应当提供工资清单。

双方依法解除或终止劳动合同时，用人单位应在解除或终止劳动合同时一次性付清劳动者工资。

律师提醒

工资应当以法定货币（在我国就是指人民币）支付。不得以实物及有价证券替代货币。

27 职工病假期间有没有工资？

职工患病或非因工负伤治疗期间，在规定的医疗期内由企业按有关规定支付其病假工资或疾病救济费。

《关于贯彻执行〈中华人民共和国劳动法〉若干问题的意见》第五十九条规定：“职工患病或非因工负伤治疗期间，在规定的医疗期间内由企业按有关规定支付其病假工资或疾病救济费，病假工资或疾病救济费可以低于当地最低工资标准支付，但不能低于最低工资标准的80%。”如果地方有规定的，企业应按所在地方规定执行。

律师提醒

劳动者在病假期间仍然是享有工资待遇的，但需要有医院开具的病假证明。

28 非因劳动者原因停产停工期间的工资应当如何支付？

依据原劳动部《工资支付暂行规定》第十二条的规定，非因劳动者原因造成单位停工、停产在一个工资支付周期内的，用人单位应按劳动合同规定的标准支付劳动者工资。超过一个工资支付周期的，若劳动者提供了正常劳动，则支付给劳动者的劳动报酬不得低于当地的最低工资标准；若劳动者没有提供正常劳动，应按国家有关规定办理。

非因劳动者原因造成单位停工停产超过一个月，单位没有给劳动者安排工作的，劳动者可以向单位主张生活费。生活费的标准可以参照当地具体规定，通常是不低于当地最低工资标准的70%~80%。

律师提醒

劳动者一旦遇到用人单位非因劳动者原因而停产停工的情形，可向单位主张按照上述规定支付工资或生活费，应注意及时依法维护自身劳动报酬权益。

29 非全日制用工的工资应怎样支付？

《劳动合同法》第六十八条、第七十二条规定，非全日制用工，是指以小时计酬为主，劳动者在同一用人单位一般平均每日工作时间不超过四小时，每周工作时间累计不超过二十四小时的用工形式。非全日制用工小时计酬标准不得低于用人单位所在地人民政府规定的最低小时工资标准。非全日制用工劳动报酬结算支付周期最长不得超过十五日。

非全日制用工的小时最低工资标准由省、自治区、直辖市在颁布的月最低工资标准的基础上，考虑单位应缴纳的基本养老保险费和基本医疗保险费因素，同时还应适当考虑非全日制劳动者在工作稳定性、劳动条件和劳动强度、福利等方面与全日制就业人员之间的差异等因素进行确定和调整。

律师提醒

劳动者在工作时首先要弄清楚自己是不是全日制用工，如果是非全日制用工就要注意自己实际领取的工资是否符合双方的约定，是否不低于所在省（区、市）的非全日制用工小时最低工资标准。

30 用人单位可以从工资中扣除哪些款项？

依据原劳动部《工资支付暂行规定》第十五条的规定，有下列情况之一的，用人单位可以代扣劳动者工资：（一）用人单位代扣代缴的个人所得税；（二）用人单位代扣代缴的应由劳动者个人负担的各项社会保险费用；（三）法院判决、裁定中要求代扣的抚养费、赡养费；（四）法律、法规规定可以从劳动者工资中扣除的其他费用。

律师提醒

因劳动者本人原因给用人单位造成经济损失的，用人单位可按照劳动合同的约定要求其赔偿经济损失。经济损失的赔偿，可从劳动者本人的工资中扣除。但每月扣除的部分不得超过劳动者当月工资的20%。若扣除后的剩余工资部分低于当地月最低工资标准，则按最低工资标准支付。

31 被欠薪除可要求支付工资外，还可以要求哪些赔偿或补偿？

《劳动合同法》第八十五条规定，用人单位有下列情形之一的，由劳动行政部门责令限期支付劳动报酬、加班费或者经济补偿；劳动报酬低于当地最低工资标准的，应当支付其差额部分；逾期不支付的，责令用人单位按应付金额百分之五十以上百分之一百以下的标准向劳动者加付赔偿金：（一）未按照劳动合同的约定或者国家规定及时足额支付劳动者劳动报酬的；（二）低于当地最低工资标准支付劳动者工资的；（三）安排加班不支付加班费的；（四）解除或者终止劳动合同，未依照本法规定向劳动者支付经济补偿的。

律师提醒

劳动者如果被欠薪，可以向当地劳动监察部门投诉，要求用人单位立即结清工资，如用人单位逾期支付，还需另行加付赔偿金。同时，也可依据《劳动合同法》以用人单位未及时足额支付劳动报酬为由，提出解除劳动关系并主张解除劳动关系的经济补偿。

32 劳动者有权要求用人单位支付年终奖吗？

《关于工资总额组成的规定》第四条规定，

“工资总额由下列六个部分组成：（一）计时工资；（二）计件工资；（三）奖金；（四）津贴和补贴；（五）加班加点工资；（六）特殊情况下支付的工资”。《国家统计局〈关于工资总额组成的规定〉若干具体范围的解释》关于“奖金”的范围中提及了年终奖：“（一）生产（业务）奖包括超产奖、质量奖、安全（无事故）奖、考核各项经济指标的综合奖、提前竣工奖、外轮速遣奖、年终奖（劳动分红）等。”从上述规定来看，年终奖同样属于工资范畴，但是，从司法实践来看，年终奖属于约定工资，法律并没有强制用人单位必须向劳动者支付年终奖。因此，劳动者有无权利主张年终奖，要看双方的合同中或者单位的规章制度中是否有年终奖的约定或规定，以及劳动者是否符合年终奖的发放条件。

律师提醒

劳动者主张年终奖的，需要举证证明单位有发放年终奖的合同约定或者制度规定，并且自己符合领取年终奖的条件。

33 事假期间有没有工资？

劳动者请事假期间的待遇，国家现行法律规范中没有具体规定。劳动者因为私事而请假期间的待遇问题，可以由用人单位根据本单位的实际情况通过内部规章制度加以规定，或者在劳动合同中约定。因为劳动者并未提供正常劳动，即使用人单位规定因私事请假期间不发工资，也是不违反法律规定的。但用人单位不得因为劳动者请事假而多扣其工资。

律师提醒

劳动者如果是在年休假、探亲假、婚丧假等法定事假期间的，工资待遇不变，用人单位应照常发放。另外，劳动者在法定工作时间内依法参加社会活动的，用人单位应视同其提供了正常劳动而正常支付工资。

34 因追讨工资申请劳动仲裁有没有时效限制？

《中华人民共和国劳动争议调解仲裁法》（以下简称《劳动争议调解仲裁法》）第二十七条规定，劳动争议申请仲裁的时效期间为一年。仲裁时效期间从当事人知道或者应当知道其权利被侵害之日起计算。劳动关系存续期间因拖欠劳动报酬发生争议的，劳动者申请仲裁不受本条第一款规定的仲裁时效期间的限制；但是，劳动关系终止的，应当自劳动关系终止之日起一年内提出。

律师提醒

劳动关系存续期间用人单位拖欠劳动报酬，劳动者申请仲裁不受一年的仲裁时效期间的限制，可以随时提出仲裁申请；但是，劳动关系终止的，应当自劳动关系终止之日起一年内提出。

35 用人单位不依法支付工资可能面临哪些行政处罚？

依据《劳动合同法》第八十五条的规定，用人单位不依法支付工资的，由劳动行政部门责令限期支付劳动报酬、加班费或者经济补偿；逾期不支付的，由劳动行政部门责令用人单位按照法定标准向劳动者加付赔偿金。如果用人单位在被劳动行政部门责令支付后仍不支付的，则构成《劳动保障监察条例》第三十条第一款第（三）

项规定的“经劳动保障行政部门责令改正拒不改正，或者拒不履行劳动保障行政部门的行政处理决定的”行为，劳动保障行政部门有权处以 2000 元以上 2 万元以下的罚款。

同时，《保障农民工工资支付条例》第五十四条规定，“有下列情形之一的，由人力资源社会保障行政部门责令限期改正；逾期不改正的，对单位处 2 万元以上 5 万元以下的罚款，对法定代表人或者主要负责人、直接负责的主管人员和其他直接责任人员处 1 万元以上 3 万元以下的罚款：（一）以实物、有价证券等形式代替货币支付农民工工资；（二）未编制工资支付台账并依法保存，或者未向农民工提供工资清单；（三）扣押或者变相扣押用于支付农民工工资的银行账户所绑定的农民工本人社会保障卡或者银行卡”。

律师提醒

劳动者要善于运用向劳动监察部门投诉举报的维权途径。劳动监察部门收到投诉举报后，经过调查核实，确定用人单位存在未依法支付工资情形的，会依法进行行政处理。

36 用人单位拖欠工资情节严重的，依法有哪些惩戒措施？

《保障农民工工资支付条例》第四十八条规定，用人单位拖欠农民工工资，情节严重或者造成严重不良社会影响的，有关部门应当将该用人单位及其法定代表人或者主要负责人、直接负责的主管人员和其他直接责任人员列入拖欠农民工工资失信联合惩戒对象名单，在政府资金支持、政府采购、招投标、融资贷款、市场准入、税收优惠、评优评先、交通出行等方面依法依规予以限制。拖欠农民工工资需要列入失信联合惩戒名单的具体情形，由国务院人力资源社会保障行政部门规定。

人力资源社会保障部依据《保障农民工工资支付条例》制定的《拖欠农民工工资失信联合惩戒对象名单管理暂行办法》第五条规定，“用人单位拖欠农民工工资，具有下列情形之一，经人力资源社会保障行政部门依法责令限期支付工资，逾期未支付的，人力资源社会保障行政部门应当作出列入决定，将该用人单位及其法定代表人或者主要负责人、直接负责的主管人员和其他直接责任人员（以下简称当事人）列入失信联合惩戒名单：（一）克扣、无故拖欠农民工工资达到认定拒不支付劳动报酬罪数额标准的；（二）因拖欠农民工工资违法行为引发群体性事件、极端事件造成严重不良社会影响的”。第十一条规定：“当事人被列入失信联合惩戒名单的期限为3年，自人力资源社会保障行政部门作出列入决定之日起计算。”

《拖欠农民工工资失信联合惩戒对象名单管理暂行办法》第十条规定，一旦被列入失信联合惩戒名单，人力资源社会保障行政部门将把用人单位名单转到信用信息共享平台，由有关部门在政府资金支持、政府采购、招投标、融资贷款、市场准入、税收优惠、评优评先、交通出行等方面依法依规予以联合惩戒，最长期限可达3年。

律师提醒

根据国家发展改革委等部门联合发布的《关于对严重拖欠农民工工资用人单位及其有关人员开展联合惩戒的合作备忘录》的规定，对于列入失信联合惩戒名单的，限制乘坐飞机、列车软卧、G字头动车组列车、其他动车组列车一等以上座位等高消费及其他非生活和工作必需的消费行为；限制新建、扩建、高档装修房屋，购买非经营必需车辆等非生活和工作必需的消费行为。

37 拒不支付劳动报酬的用人单位可能面临哪些刑事处罚？

《中华人民共和国刑法》（以下简称《刑法》）第二百七十六条规定了“拒不支付劳动报酬罪”，即以转移财产、逃匿等方法逃避支付劳动者的劳动报酬或者有能力支付而不支付劳动报酬，数额较大，经政府有关部门责令支付仍不支付的，处三年以下有期徒刑或者拘役，并处或者单处罚金；造成严重后果的，处三年以上七年以下有期徒刑，并处罚金。

单位犯前款罪的，对单位判处罚金，并对其直接负责的主管人员和其他直接责任人员，依照前款的规定处罚。

有前两款行为，尚未造成严重后果，在提起公诉前支付劳动者的劳动报酬，并依法承担相应赔偿责任的，可以减轻或者免除处罚。

律师提醒

2013年1月23日，最高人民法院作出

《关于审理拒不支付劳动报酬刑事案件适用法律若干问题的解释》，明确了拒不支付劳动报酬罪的适用范围，以严格约束用人单位履行自己的义务，保护劳动者的合法权益。

38 农民工工资支付的周期和时间如何确定？

《劳动法》第五十条明确规定："工资应当以货币形式按月支付给劳动者本人。不得克扣或者无故拖欠劳动者的工资。"《国务院办公厅关于全面治理拖欠农民工工资问题的意见》也明确要求："明确工资支付各方主体责任。全面落实企业对招用农民工的工资支付责任，督促各类企业严格依法将工资按月足额支付给农民工本人，严禁将工资发放给不具备用工主体资格的组织和个人。"

《保障农民工工资支付条例》第十二条、第十三条、第十四条规定，用人单位应当按照与农民工书面约定或者依法制定的规章制度规定的工资支付周期和具体支付日期足额支付工资。实行月、周、日、小时工资制的，按照月、周、日、小时为周期支付工资；实行计件工资制的，工资支付周期由双方依法约定。用人单位与农民工书面约定或者依法制定的规章制度规定的具体支付日期，可以在农民工提供劳动的当期或者次期。具体支付日期遇法定节假日或者休息日的，应当在法定节假日或者休息日前支付。

《建设领域农民工工资支付管理暂行办法》第六条规定：“企业应当根据劳动合同约定的农民工工资标准等内容，按照依法签订的集体合同或劳动合同约定的日期按月支付工资，并不得低于当地最低工资标准。”

对于完成一次性临时劳动或某项具体工作的劳动者，用人单位应当按照有关的协议或者合同的规定在劳动者完成工作后即支付工资。

律师提醒

劳动者在签订劳动合同时一定要看清、记清其中约定的工资支付周期和时间，如果遇到用人单位未按此约定支付工资的情况，要积极依法维权。

39 建筑企业在工程完工后结算工资合法吗？

《工资支付暂行规定》第七条规定：“工资必须在用人单位与劳动者约定的日期支付。如遇节假日或休息日，则应提前在最近的工作日支付。

工资至少每月支付一次，实行周、日、小时工资制的可按周、日、小时支付工资。”《保障农民工工资支付条例》第二十四条第二款也明确规定，建设单位与施工总承包单位依法订立书面工程施工合同，应当约定工程款计量周期、工程款进度结算办法以及人工费用拨付周期，并按照保障农民工工资按时足额支付的要求约定人工费用。人工费用拨付周期不得超过 1 个月。

此外，《保障农民工工资支付条例》第三十一条规定，工程建设领域推行分包单位农民工工资委托施工总承包单位代发制度。分包单位应当按月考核农民工工作量并编制工资支付表，经农民工本人签字确认后，与当月工程进度等情况一并交施工总承包单位。施工总承包单位根据分包单位编制的工资支付表，通过农民工工资专用账户直接将工资支付到农民工本人的银行账户，并向分包单位提供代发工资凭证。

律师提醒

建筑公司或者包工头以工程完工后才能结算工资的做法是违法的，劳动者有权向劳动行政部门投诉。

40 什么是建设工程领域农民工工资专用账户？

《保障农民工工资支付条例》第二十六条规定，施工总承包单位应当按照有关规定开设农民工工资专用账户，专项用于支付该工程建设项目农民工工资。开设、使用农民工工资专用账户有关资料应当由施工总承包单位妥善保存备查。《工程建设领域农民工工资专用账户管理暂行办法》第二条明确规定，农民工工资专用账户是指施工总承包单位在工程建设项目所在地银行业金融机构开立的，专项用于支付农民工工资的专用存款账户。人工费用，是指建设单位向总包单位专用账户拨付的专项用于支付农民工工资的工程款。

开设农民工工资专用账户，规范农民工工资专用账户管理，能够确保农民工工资“有钱发”和专款专用，切实维护农民工劳动报酬权益，推动解决根治工程建设领域拖欠农民工工资问题。

律师提醒

建设单位不得因与总承包方、分包方的工程量、质量、造价等争议，而不按时足额拨付工程款中的人工费用。

41 农民工工资专用账户能被查封、冻结或划拨吗？

可以，但是仅限于特定情形。《保障农民工工资支付条例》第三十三条规定，除法律另有规定外，农民工工资专用账户资金和工资保证金不得因支付为本项目提供劳动的农民工工资之外的原因被查封、冻结或者划拨。《最高人民法院 人力资源社会保障部 中国银保监会关于做好防止农民工工资专用账户资金和工资保证金被查封、冻结或者划拨有关工作的通知》（以下简称《通知》）第三条规定，对农民工工资专用账户中明显超出工程施工合同约定并且明显超出足额支付该项目农民工工资所需全部人工费的资金，对工资保证金账户中超出工资保证金主管部门公布的资金存储规定部分的资金，人民法院经认定可依法采取冻结或者划拨措施。当事人及有关单位、个人利用两类账户规避、逃避执行的，应当依法承担责任。另外，根据上述《通知》第四条的规定，人民法院可以依法对两类账户采取预冻结措施，在工程完工且未拖欠农民工工资，监管部门按规定解除对两类账户监管后，预冻结措施自动转为冻结措施，并可依法划拨剩余资金。

律师提醒

农民工工资专用账户制度是为了确保农民工工资优先拨付到位，防止与其他工程费等资金混同或者被挤占而设立的。原则上，专用账户只能因支付农民工工资而被查封、冻结或者划拨。

42 在建筑行业务工的劳动者，被拖欠工资该如何收集证据？

（1）劳动者和包工方即使不签订正式的劳动合同，也要让包工方写个书面字据，把每月（天）多少工资、工期多长等内容写下来。如果包工方连这个也不愿意写，为了确保劳动者的合法权益不受侵害，最好用录音机或者手机，将包工方关于工资报酬等对话记录下来，然后将录音内容整理成书面的材料，将来可以作为口头约定的证明。

（2）如果劳动者在建筑工地打工，除要让包工方写字据以外，最好能保存上级用人单位发放的有关工作凭证，包括工作证、出入证、考勤表等。发生纠纷后，找用人单位的负责人协商时，也要做好录音。

（3）劳动者在打工时要养成好习惯，每天在哪个工地干活儿、干的什么活儿、干多少活儿、干多长时间、怎么算工钱等都记录下来。工作记录将来也能作为证据。

（4）劳动者还可以找工友做证。劳动者都在一个工地干活儿，当初和包工方或者用人单位是怎么约定的、现在被拖欠了多少工资等事情工友最熟悉。

律师提醒

平时打工应当注意收集信息，比如工程施工信息、包工头的身份信息等。如果包工方拒不支付工钱，紧急情况下可以拨打“110”，即使警察帮忙调解不成功，也能留下“110”出警记录作为凭证。

43 建筑工人如何用好施工现场公示的维权信息？

《保障农民工工资支付条例》第三十四条规定，施工总承包单位应当在施工现场醒目位置设立维权信息告示牌，明示下列事项：（一）建设单位、施工总承包单位及所在项目部、分包单位、相关行业工程建设主管部门、劳资专管员等基本信息；（二）当地最低工资标准、工资支付日期等基本信息；（三）相关行业工程建设主管部门和劳动保障监察投诉举报电话、劳动争议调解仲裁申请渠道、法律援助申请渠道、公共法律服务热线等信息。

律师提醒

劳动者在进入工地工作前，要首先注意了解施工现场公示的维权信息，一旦遇到自身合法权益受到侵害的情况，要善于及时运用有关信息依法维权。

44 包工头卷钱逃跑，劳动者该怎么办？

（1）劳动者可以直接找将工程承包给包工头的建设单位或者施工总承包单位索要工资。《保障农民工工资支付条例》第三十六条第一款规定，建设单位或者施工总承包单位将建设工程发包或者分包给个人或者不具备合法经营资格的单位，导致拖欠农民工工资的，由建设单位或者施工总承包单位清偿。即使建设单位或者施工总承包单位把钱给了包工头，也可以继续要求建设单位或者施工总承包单位支付工资。

（2）如果工程挂靠在一个劳务公司名下（包

工头只是借用这个公司的名字来承包工程，其实工地上的管理、工程款等都是包工头自己的），劳动者可以直接去找包工头挂靠的劳务公司，要求其支付工资。

（3）如果包工头逃跑了，但工程款并没有和发包方、总承包方结算，劳动者可以将发包人、转包人和违法分包人一并起诉，争取尽早拿到工钱。

（4）如果劳动者没有掌握有力证据，找用人单位或者发包方讨薪也没有十足把握，建议通过协商方式，要求支付部分工资；待收集到相关证据后，可通过仲裁或诉讼要回全部的工资。

律师提醒

劳动者在进入工地干活儿时应注意提前收集证据，比如工地的发包承包信息、劳动者与包工头关于劳务费的约定等，一旦出现包工头卷钱逃跑的情况，劳动者可以及时根据收集的证据进行维权。

45 被欠薪农民工申请法律援助有哪些便利条件？

《中华人民共和国法律援助法》第四十二条

明确规定，申请支付劳动报酬或者请求工伤事故人身损害赔偿的进城务工人员，免予核查经济困难状况。

早在 2019 年 4 月，司法部发布的《关于充分发挥职能作用认真做好根治拖欠农民工工资有关工作的意见》中也明确要求，各地要在“12348”公共法律服务热线电话设立根治欠薪服务专席，公共法律服务中心（站、室）根据条件设置专门窗口，确保农民工及时得到法律咨询和法律援助。要开通农民工欠薪法律援助“绿色通道”，对欠薪农民工一律免于审查经济困难条件，简化审批手续，努力做到当天申请、当天受理、当天审批、当天指派律师提供法律援助。

律师提醒

农民工朋友遇到合法权益受到侵害的情况时，要及时向当地法律援助机构寻求帮助，通过法律咨询、委托代写法律文书、委托代理仲裁诉讼等方式，提高依法维权的时效性和精准度。申请法律援助时，需要按照有关规定提交身份证明材料，同时应当尽可能提供与争议事项有关的证据材料。

职业病防治篇

46 什么是职业病？

根据《中华人民共和国职业病防治法》（以下简称《职业病防治法》）第二条的规定，职业病是用人单位的劳动者在生产劳动以及其他职业活动中，因接触职业性有害因素，如粉尘、放射性物质或其他有毒、有害物质等引起的疾病。纳入工伤保险范畴内的职业病是由国家规定的法定职业病。

根据《职业病防治法》的规定，原国家卫生计生委会同人力资源社会保障部、国家安全监管总局、全国总工会发布了《职业病分类和目录》，共有十大类、132 种（含 4 项开放性条款）。这十大类分别为：(1) 职业性尘肺病及其他呼吸系统疾病；(2) 职业性皮肤病；(3) 职业性眼病；(4) 职业性耳鼻喉口腔疾病；(5) 职业性化学中毒；(6) 物理因素所致职业病；(7) 职业性放射性疾病；(8) 职业性传染病；(9) 职业性肿瘤；(10) 其他职业病。

律师提醒

认定职业病应当具备三个条件：一是患病的主体应当是与企业、事业单位或个体经济组织等用人单位建立劳动关系的劳动者；二是所患疾病必须是在从事职业活动中发生的；三是该疾病必须是因为接触有毒、有害物质引起的。

47 劳动者享有哪些职业卫生权利？

职业卫生权利，亦称劳动保护权，是指劳动者在职业劳动中人身安全和身心健康获得保障，从而免遭职业危害的权利。职业卫生权利的基础是人的生命和健康，因而它是最基本人权的体现。

根据《职业病防治法》第四条的规定，劳动者依法享有职业卫生保护的权利。第三十九条进一步明确了劳动者享有的七项权利：

（1）获得职业卫生教育、培训；

（2）获得职业健康检查、职业病诊疗、康复等职业病防治服务；

（3）了解工作场所产生或者可能产生的职业病危害因素、危害后果和应当采取的职业病防护措施；

（4）要求用人单位提供符合防治职业病要求的职业病防护设施和个人使用的职业病防护用品，改善工作条件；

（5）对违反职业病防治法律、法规以及危及生命健康的行为提出批评、检举和控告；

（6）拒绝违章指挥和强令进行没有职业病防护措施的作业；

（7）参与用人单位职业卫生工作的民主管理，对职业病防治工作提出意见和建议。

律师提醒

用人单位应当保障劳动者行使上述权利。因劳动者依法行使正当权利而降低其工资、福利等待遇或者解除、终止与其订立的劳动合同的，用人单位的行为无效。

48 劳动者如果怀疑自己患了职业病，应该到哪里进行诊断？

劳动者如果怀疑自己患有职业病，可以到经省级卫生行政部门批准、公布的职业病诊断机构进行职业病诊断。到哪个职业病诊断机构进行诊断，劳动者有选择权。《职业病防治法》第四十四条规定，劳动者可以在用人单位所在地、本人户籍所在地或者经常居住地依法承担职业病诊断的医疗卫生机构进行职业病诊断。

律师提醒

关于劳动者的户籍所在地、经常居住地的界定，根据《民法典》第二十五条以及《最高人民法院关于适用〈中华人民共和国民事诉讼法〉的解释》第四条的规定，劳动者户籍所在地是指劳动者在户口登记机关登记的住址；经常居住地是指除住院就医外，离开住所地已连续居住一年以上的地方。

49 用人单位不提供与职业病诊断相关的资料时，劳动者该怎么办？

职业病诊断难、鉴定难是当前我国职业病防治工作面临的突出问题。主要是用人单位在职业病诊断、鉴定过程中不依法提供相关资料，导致劳动者无法提出职业病诊断申请。在这种情况下，为使职业病诊断、鉴定工作能够顺利进行，《职业病防治法》第四十八条规定：

职业病诊断、鉴定过程中，用人单位不提供工作场所职业病危害因素检测结果等资料的，诊断、鉴定机构应当结合劳动者的临床表现、辅助检查结果和劳动者的职业史、职业病危害接触史，并参考劳动者的自述、卫生行政部门提供的日常监督检查信息等，作出职业病诊断、鉴定结论。

劳动者对用人单位提供的工作场所职业病危害因素检测结果等资料有异议，或者因劳动者的用人单位解散、破产，无用人单位提供上述资料的，诊断、鉴定机构应当提请卫生行政部门进行调查，卫生行政部门应当自接到申请之日起三十日内对存在异议的资料或者工作场所职业病危害因素情况作出判定；有关部门应当配合。

律师提醒

如果用人单位拒不提供相关资料，诊断、鉴定机构一方面可以进行工作场所调查，也可以由安监部门组织调查；另一方面可以根据相关监管部门提供的情况，根据临床表现，包括劳动者的自述，由诊断、鉴定机构作出诊断、鉴定结论。在用人单位不提供资料的情况下也可以作出诊断。另外，还需要劳动保障部门对劳动关系进行进一步的确认。

50 劳动者如果患上职业病，享有哪些工伤保险待遇？

工伤保险是劳动者在工作中或在规定的特殊情况下，遭受意外伤害，或患职业病导致暂时或永久丧失劳动能力以及死亡时，劳动者或其遗属从国家和社会获得物质帮助的一种社会保险制度。

按照我国现行管理体制，职业病待遇纳入工伤保险，统一由人力资源社会保障部门管理。根据《工伤保险条例》第三十条至第三十九条的规定，工伤待遇包括：工伤医疗待遇、辅助器具配置待遇、停工留薪期待遇、工伤伤残待遇。

律师提醒

职业病诊断、鉴定的费用应由用人单位承担。这些费用一般包括：必要的诊断、鉴定取证费，如工作场所调查、劳动者体检、实验室检验等费用；诊断、鉴定过程中的一些资料费用，如有关医疗证明材料、劳动关系证明材料等资料费用；诊断、鉴定过程中所必需的交通费等。劳动者可以直接要求用人单位承担，也可以在垫付后，凭支付证明要求用人单位予以报销。

51 劳动者患上职业病享受工伤保险后，还能要求用人单位赔偿吗？

可以。根据《职业病防治法》第五十八条规定，职业病病人除依法享有工伤保险外，依照有关民事法律，尚有获得赔偿的权利的，有权向用人单位提出赔偿要求。现实生活中，一些职业病病人往往因丧失劳动能力生活困难，而工伤保险所能支付的待遇，难以完全补偿职业病病人因病所受到的损失。在这种情况下，职业病病人除享受工伤保险待遇外，还可以向用人单位提出赔偿要求。提出赔偿的范围以补足劳动者的实际损失为限，受伤害的职工在获得工伤保险补偿后，可以就未获得补偿的部分再向所属用人单位提出民事赔偿主张。用人单位拒绝赔偿的，职业病病人可以向人民法院起诉。

律师提醒

劳动者被诊断患有职业病，但用人单位没有依法参加工伤保险的，其医疗和生活保障由该用人单位承担。

女职工特殊权益保护篇

52 什么是女职工劳动保护？

女职工劳动保护，是针对女职工的生理特点而进行的特殊保护。它主要研究生产过程中劳动条件对女职工身体健康的影响及防止职业有害因素对女性生理机能的影响，以保护女职工能够健康持久地从事生产劳动，保障育龄女职工能够孕育健康的下一代。根据《宪法》、《劳动法》、《劳动合同法》、《中华人民共和国妇女权益保障法》（以下简称《妇女权益保障法》）、《女职工劳动保护特别规定》的相关规定，女职工劳动保护包括如下四个方面的内容：

（1）保护母性，即保护女性机能，如“四期”（经期、孕期、产期、哺乳期）保护；

（2）规定女职工的工作时间，如孕妇、乳母禁止加班加点及不上夜班等；

（3）禁止女职工从事危险有害作业；

（4）女性与男性有同等就业机会，同工同酬。

律师提醒

在法律上对女职工给予特殊保护，是由女职工身体条件和所担负任务的特殊性决定的。

53 什么是女职工“四期”保护？

女职工“四期”保护是对女性生理机能变化过程即经期、孕期、产期、哺乳期的劳动保护。《劳动法》《劳动合同法》《妇女权益保障法》《女职工劳动保护特别规定》等均对此作出规定，主要包括用人单位不得因女职工怀孕、生育、哺乳降低其工资、予以辞退、与其解除劳动合同或者聘用合同；不得安排经期、孕期、哺乳期女职工从事禁忌劳动范围的劳动；对孕期、哺乳期延长劳动时间和夜班劳动的限制；

产假和哺乳假等规定。

律师提醒

产期保护包括正产，也包括小产（流产）。女职工怀孕流产的，其所在单位应当根据医疗机构的证明，给予一定时间的产假。

54 用人单位应采取哪些措施做好女职工劳动保护？

为切实做好女职工劳动保护工作，用人单位应当严格遵守国家有关劳动安全卫生的法律、法规，不得安排女职工从事禁忌劳动；要采取措施改善劳动安全卫生条件，加强对劳动安全卫生设备、设施的管理，加强对危险物品、危险源的管理，提供符合标准要求的劳动安全卫生防护用品，进行经常性的劳动安全卫生检查；要保障女职工的知情权，将本单位属于女职工禁忌从事的劳动范围的岗位，书面告知女职工；要对女职工进行劳动安全卫生知识培训，使女职工了解有关劳动安全卫生法律、法规和标准，掌握与本职工作相关的劳动卫生知识与技能，掌握符合劳动安全卫生要求的操作规程，学习正确使用劳动保护防护用品，掌握可能发生事故的应急救援措施，帮助女职工提高自我防护意识和技能。

律师提醒

职业场所是劳动保护的主要场所，因此，用人单位是保护女职工职业安全和健康的责任主体，《女职工劳动保护特别规定》对用人单位规定了明确而严格的法律义务，包括职责性法律义务和禁止性法律义务。职责性法律义务主要包括用人单位应当采取措施改善女职工劳动安全卫生条件，对女职工进行劳动安全卫生知识培训。禁止性法律义务主要包括用人单位不得因女职工怀孕、生育、哺乳降低其工资、予以辞退、与其解除劳动或者聘用合同。

55 用人单位能否降低孕期、产期、哺乳期女职工工资或与其解除劳动合同？

《劳动法》《劳动合同法》《妇女权益保障法》《女职工劳动保护特别规定》等均作出规定，为减轻女职工在怀孕、哺乳期间的经济压力和心理压力、确保母婴健康提供了法律保障。《女职工

劳动保护特别规定》第五条明确规定：“用人单位不得因女职工怀孕、生育、哺乳降低其工资、予以辞退、与其解除劳动或者聘用合同。”根据《劳动合同法》第四十二条、第四十五条规定，如果劳动合同尚未到期，不存在双方协商一致解除或者该法第三十九条规定的六种情形之一的，处于孕期、产期、哺乳期的女职工没有主动提出解除、终止劳动合同的，用人单位就不得辞退女职工或者与其解除、终止劳动合同；即使此时双方签订的劳动合同到期，劳动合同期限也应自动延长到孕期、产期、哺乳期结束。

律师提醒

用人单位不得无故与产假期间的女职工解除劳动合同，产假期间的女职工如遇无故解除劳动合同可以提起仲裁，要求用人单位支付违法解除劳动合同赔偿金或继续履行劳动合同。

56 女职工在经期可享受哪些特殊劳动保护？

女职工在月经期间，正常的生理机能和机体活动能力出现变化，身体防御能力暂时减弱，生理波动较大，作业能力下降，工作效率降低。月经期间的女职工可以照常劳动，但不能参加过重的体力劳动，不能参加高处、低温、冷水等作业。《女职工劳动保护特别规定》附录第二条规定了女职工在经期禁忌从事的劳动范围：

（1）冷水作业分级标准中规定的第二级、第三级、第四级冷水作业；

（2）低温作业分级标准中规定的第二级、第三级、第四级低温作业；

（3）体力劳动强度分级标准中规定的第三级、第四级体力劳动强度的作业；

（4）高处作业分级标准中规定的第三级、第四级高处作业。

律师提醒

《女职工保健工作规定》第七条规定，患有重度痛经及月经过多的女职工，经医疗或妇幼保健机构确诊后，月经期间可适当给予1~2天的休假。

57 女职工在孕期可享受哪些特殊劳动保护？

孕期主要指女性从受孕到产出胎儿的这段时间，通常为280天。女职工怀孕后，体内各系统负担加重，劳动能力受到一定影响，因此，应当在劳动中获得特殊保护，以保证孕妇健康和胎儿的正常发育。

根据《女职工劳动保护特别规定》第六条第一款和第二款的规定，女职工在孕期不能适应原劳动的，用人单位应当根据医疗机构的证明，予以减轻劳动量或者安排其他能够适应的劳动；对怀孕7个月以上的女职工，用人单位不得延长劳动时间或者安排夜班劳动，并应当在劳动时间内安排一定的休息时间。此外，用人单位不得安排怀孕女职工从事怀孕期间禁忌从事的劳动。

律师提醒

对怀孕7个月以上的女职工，不得安排其延长工作时间和夜班劳动是一个强制性规定，不因用人单位支付加班加点工资而改变。如果用人单位违反了这一规定，根据《女职工劳动保护特别规定》第十三条规定，由县级以上人民政府人力资源社会保障行政部门责令限期改正，按照受侵害女职工每人1000元以上5000元以下的标准计算，处以罚款。

58 女职工生育享受多少天产假？

根据《女职工劳动保护特别规定》第七条规定，女职工生育享受98天产假，其中产前可以休假15天；难产的，增加产假15天；生育多胞

胎的，每多生育 1 个婴儿，增加产假 15 天。女职工怀孕未满 4 个月流产的，享受 15 天产假；怀孕满 4 个月流产的，享受 42 天产假。

律师提醒

根据 2021 年 8 月修改的《中华人民共和国人口与计划生育法》的规定，国家提倡适龄婚育、优生优育。一对夫妻可以生育三个子女。符合法律、法规规定条件的，可以要求安排再生育子女。具体办法由省、自治区、直辖市人民代表大会或者其常务委员会规定。符合法律、法规规定生育子女的夫妻，可以获得延长生育假的奖励或者其他福利待遇。

各地产假和男方护理假（陪产假）一览表

地区	产假	护理假（陪产假）
北京市	158天（单位同意可再增加1~3个月）	15天
天津市	158天	15天
河北省	158天（生育第1、2个子女）；188天（生育第3个及以上子女）	15天
山西省	158天	15天
内蒙古自治区	158天（生育第1、2个子女）；188天（生育第3个及以上子女）	25天
辽宁省	158天	20天
吉林省	180天（单位同意可延长至1年）	25天
黑龙江省	180天	15天
上海市	158天	10天
江苏省	158天	15天
浙江省	158天（生育第1个子女）；188天（生育第2、3个子女）	15天
安徽省	158天	30天
福建省	158~180天	15天
江西省	188天	30天
山东省	158天	15天
河南省	98天+3个月	1个月
湖北省	158天	15天
湖南省	158天	20天

续表

地区	产假	护理假（陪产假）
广东省	178 天	15 天
广西壮族自治区	158 天（生育第 1 个子女）；168 天（生育第 2 个子女）；178 天（生育第 3 个子女）	25 天
海南省	98 天+3 个月	15 天
重庆市	178 天	20 天
四川省	158 天	20 天
贵州省	158 天	15 天
云南省	158 天	30 天
西藏自治区	1 年；1 年半（在海拔 4000 米以上地区或边境县工作的干部职工生育第 3 个子女）	30 天
陕西省	158 天；173 天（生育第 3 个子女）	15 天（异地 20 天）；生育第 3 个子女的 25 天（异地 30 天）
甘肃省	180 天	30 天
宁夏回族自治区	158 天	25 天
新疆维吾尔自治区	158 天	20 天

注：根据各地人口与计划生育条例整理（截至 2023 年 2 月），仅供参考。

59 女职工生育或流产期间的工资如何支付？

根据《女职工劳动保护特别规定》第八条第

一款规定，女职工产假期间的生育津贴，对已经参加生育保险的，按照用人单位上年度职工月平均工资的标准由生育保险基金支付；对未参加生育保险的，按照女职工产假前工资的标准由用人单位支付。

生育津贴不是产假工资。《女职工劳动保护特别规定》第五条明确要求，用人单位不得因女职工怀孕、生育、哺乳降低其工资。因此，女职工原工资水平高于生育津贴的，用人单位除发放生育津贴外，还应补足其工资；如果女职工的原工资水平低于生育津贴的，用人单位应将生育津贴全额发放，不得克扣。

律师提醒

如果女职工的生育津贴低于其正常工资，但用人单位不同意补足的，女职工可以通过仲裁，要求单位补足差额。

60 女职工生育和流产的医疗费用如何支付？

根据《女职工劳动保护特别规定》第八条第二款规定，女职工生育或流产的医疗费用，按照生育保险规定的项目和标准，对已经参加生育保险的，由生育保险基金支付；对未参加生育保险的，由用人单位支付。

律师提醒

女职工生育或流产后，由本人或所在用人单位持当地计划生育部门签发的计划生育证明，婴儿出生、死亡或流产证明，到当地社会保险经办机构办理手续，领取生育津贴和报销生育医疗费。

61 什么是生育保险？如何缴纳？

生育保险是国家通过立法，在劳动者因生育子女而暂时中断劳动时，由国家和社会及时给予物质帮助的一项社会保险制度。我国生育保险待遇主要包括两项：一是生育医疗待遇；二是生育津贴。生育保险是社会保障制度的重要内容之一，推行生育保险制度，可使我国的社会保险制度得以健全，使社会成员都能分享到社会发展的成果。

《中华人民共和国社会保险法》（以下简称《社会保险法》）第五十三条规定，职工应当参加生育保险，由用人单位按照国家规定缴纳生育保险费，职工不缴纳生育保险费。

律师提醒

根据2019年国务院办公厅印发的《关于全面推进生育保险和职工基本医疗保险合并实施的意见》，从2020年起，生育保险与职工医疗保险合并实施，但这并非是取消生育保险，而是将生育保险与职工医疗保险统一参保登记、统一征缴和管理、统一医疗服务管理，减轻单位与个人负担。生育保险费用实行社会统筹，合并之后，用人单位仍然要缴纳生育保险费，缴费比例一般为本单位职工工资总额的0.5%~1%。

62 生育保险待遇主要包括哪些内容？哪些人可以享受生育保险待遇？

生育保险待遇包括生育医疗费用和生育津贴。

生育医疗费用包括下列几项：（1）生育的医疗费用；（2）计划生育的医疗费用；（3）法律、法规规定的其他项目费用。

职工有下列情形之一的，可以按照国家规定享受生育津贴：（1）女职工生育享受产假；（2）享受计划生育手术休假；(3) 法律、法规规定的其他情形。

律师提醒

生育医疗费用的范畴包括检查费、接生费、手术费、住院费和药费等，这些均可由生育保险基金支付。但要注意，这部分费用有限额规定，超出规定的部分需要职工自己负担。

63 女职工在哺乳期内用人单位不得安排其从事哪些劳动？

女职工生育至哺乳期内，身体恢复需要一定的时间，同时承担着哺乳婴儿的责任，为此，《女职工劳动保护特别规定》第九条第一款规定，对哺乳未满1周岁婴儿的女职工，用人单位不得延长其劳动时间或者安排夜班劳动。

女职工在哺乳期间禁忌从事的劳动范围有：

（1）作业场所空气中铅及其化合物、汞及其化合物、苯、镉、铍、砷、氰化物、氮氧化物、一氧化碳、二硫化碳、氯、己内酰胺、氯丁二烯、氯乙烯、环氧乙烷、苯胺、甲醛等有毒物质浓度超过国家职业卫生标准的作业；

（2）非密封源放射性物质的操作，核事故与放射事故的应急处置；

（3）体力劳动强度分级标准中规定的第三级、第四级体力劳动强度的作业；

（4）作业场所空气中锰、氟、溴、甲醇、有机磷化合物、有机氯化合物等有毒物质的浓度超过国家职业卫生标准的作业。

律师提醒

由于女性在身体结构和生理特点上都与男职工存在很大差别，这决定了女职工在一定情况下不宜从事特别繁重和较大强度的体力劳动，否则，会引发疾病，影响身体健康，甚至影响下一代健康成长。

生活保障篇

64 哪些伤害属于工伤？

根据《工伤保险条例》第十四条的规定，下列情形属于工伤：

（1）在工作时间和工作场所内，因工作原因受到事故伤害的。如农民工在建筑工地上班时被钢材砸伤，或者从高处坠落受伤。

（2）工作时间前后在工作场所内，从事与工作有关的预备性或者收尾性工作受到事故伤害的。如职工在下班后收拾工具或者将材料运回仓库时受伤。

（3）在工作时间和工作场所内，因履行工作职责受到暴力等意外伤害的。这种工伤较为常见的是保安在工作期间被人打伤。

（4）患职业病的。职业病是工伤中的一种特殊类型，但并不是所有在工作中得的病都是职业病，只有符合职业病目录的，才能认定为职业病，如在工作中接触有毒物质而中毒、因高温而中暑等。

（5）因工外出期间，由于工作原因受到伤害或者发生事故下落不明的。如司机在运输货物过程中遭遇洪水而下落不明的，或者在出差期间遇到海难、地震或其他原因而下落不明的。

（6）在上下班途中，受到非本人主要责任的交通事故或者城市轨道交通、客运轮渡、火车事故伤害的。如下班时发生车祸而受伤。需要注意的是，这种情形下认定工伤，必须是职工不承担事故主要责任的。

（7）法律、行政法规规定应当认定为工伤的其他情形。

除上述几种明确属于工伤的情形外，《工伤保险条例》第十五条还规定了“视同工伤”的几种情况。这里所说的“视同工伤”，是指虽然不符合上述工伤的情形，但是由于职工受伤与工作有紧密联系，或者是为了维护国家利益、社会利益，因此也按照工伤来处理：

（1）在工作时间和工作岗位，突发疾病死亡或者在48小时之内经抢救无效死亡的；

（2）在抢险救灾等维护国家利益、公共利益活动中受到伤害的；

（3）职工原在军队服役，因战、因公负伤致残，已取得革命伤残军人证，到用人单位后旧伤复发的。

律师提醒

劳动者被认定为工伤后，才能享受工伤保险待遇。因此，如果劳动者在工作中受伤，用人单位却说不是工伤，这时劳动者应当尽早向相关部门申请认定工伤，否则可能无法享受工伤保险待遇。

65 发生工伤后，谁来申请工伤认定？

根据《工伤保险条例》第十七条的规定，劳动者发生事故伤害或者按照《职业病防治法》规定被诊断、鉴定为职业病，所在单位应当自事故伤害发生之日或者被诊断、鉴定为职业病之日起

30 日内，向统筹地区社会保险行政部门提出工伤认定申请。遇有特殊情况，经报社会保险行政部门同意，申请时限可以适当延长。

用人单位未在规定的期限内提出工伤认定申请的，受伤害职工或者其直系亲属、工会组织在事故伤害发生之日或者被诊断、鉴定为职业病之日起 1 年内，可以直接提出工伤认定申请。工伤认定申请应向用人单位所在地设区的市级社会保险行政部门提出。申请工伤认定是免费的。

律师提醒

如果劳动者发生工伤，用人单位没有为此提出工伤认定申请，劳动者一定要在事故伤害发生之日或者被诊断、鉴定为职业病之日起 1 年内提出工伤认定申请。用人单位未在规定的时限内提交工伤认定申请，在此期间发生符合《工伤保险条例》规定的工伤待遇等有关费用由该用人单位负担。

66 申请工伤认定，要提供哪些材料？

根据《工伤保险条例》第十八条的规定，申请工伤认定，应提供以下材料：

(1) 工伤认定申请表（一式四份，在社会保险行政部门领取）;

(2) 与用人单位存在劳动关系（包括事实劳动关系）的证明材料，包括劳动合同或者工资报酬的领取证明、工友同事的书面证明等;

(3) 医疗诊断证明书或者职业病诊断证明书（或者职业病诊断鉴定书）;

(4) 职工居民身份证（复印件）;

(5) 有特殊情形的，还要分别提供相应的证明材料，如职工死亡的，要提交死亡证明等。

律师提醒

认定工伤最重要的材料就是劳动者与用人单位存在劳动关系的证明，以及发生工伤时的证明材料。因此发生工伤后，要尽快取得这些证据材料。

67 用人单位在外地注册的，发生工伤后应当去哪里申请工伤认定？

根据《人力资源社会保障部关于执行〈工伤保险条例〉若干问题的意见（二）》第七条的规定，用人单位注册地与生产经营地不在同一统筹地区的，原则上应在注册地为职工参加工伤保险；未在注册地参加工伤保险的职工，可由用人单位在生产经营地为其参加工伤保险。职工受到事故伤害或者患职业病后，在参保地进行工伤认定、劳动能力鉴定，并按照参保地的规定依法享受工伤保险待遇；未参加工伤保险的职工，应当在生产经营地进行工伤认定、劳动能力鉴定，并按照生产经营地的规定依法由用人单位支付工伤保险待遇。

律师提醒

有工伤保险的，在参保地申请；没有工伤保险的，在生产经营地申请。

68 如果劳动者对劳动行政部门作出的工伤认定结论不服，该怎么办？

劳动行政部门作出的工伤认定结论属于劳动

行政部门的行政行为。如果劳动者对劳动行政部门作出的不认定为工伤或不视同为工伤的认定结论不服，比如劳动者认为自己的情况属于工伤，可人力资源社会保障部门作出了不予认定工伤的结论，根据《工伤保险条例》第五十五条规定："有下列情形之一的，有关单位或者个人可以依法申请行政复议，也可以依法向人民法院提起行政诉讼：……（二）申请工伤认定的职工或者其近亲属、该职工所在单位对工伤认定结论不服的；……"可以由劳动者本人、其近亲属或者所在单位，到当地政府申请行政复议，也可以直接到人民法院提起行政诉讼。

律师提醒

如果对行政复议结果仍不服的，劳动者还可以到法院提起行政诉讼。

69 受伤职工应该在什么时间申请劳动能力鉴定？

依据《工伤保险条例》第二十一条的规定，受伤职工发生工伤经治疗伤情相对稳定后，存在残疾影响劳动能力的，应当进行劳动能力鉴定。

劳动能力鉴定由用人单位、工伤职工或者其近亲属向设区的市级劳动能力鉴定委员会提出申请，并提供工伤认定决定和职工工伤医疗的有关资料。职工工伤医疗的有关资料就是受到事故伤害或者患职业病的职工在医院治疗过程中的病历等资料。

设区的市级劳动能力鉴定委员会收到劳动能力鉴定申请后，应当从其建立的医疗卫生专家库中随机抽取 3 名或者 5 名相关专家组成专家组，由专家组提出鉴定意见。设区的市级劳动能力鉴定委员会根据专家组的鉴定意见作出工伤职工劳动能力鉴定结论；必要时，可以委托具备资格的医疗机构协助进行有关的诊断。

设区的市级劳动能力鉴定委员会应当自收到劳动能力鉴定申请之日起 60 日内作出劳动能力

鉴定结论，必要时，作出劳动能力鉴定结论的期限可以延长 30 日。劳动能力鉴定结论应当及时送达申请鉴定的单位和个人。

律师提醒

自劳动能力鉴定结论作出之日起 1 年后，由工伤职工或者其近亲属、所在单位或者经办机构认为伤残情况发生变化的，可以申请劳动能力复查鉴定。劳动能力鉴定表中有是否安装辅助器具的选项，如果需要安装假肢、假眼、假牙或配置轮椅，一定要选上该项。

70 超龄农民工在工作中受伤能认定为工伤吗？

劳动者超过退休年龄仍然工作的，在工作中

受到伤害是否能认定为工伤，《工伤保险条例》并没有明确予以说明。最高人民法院行政审判庭在《关于超过法定退休年龄的进城务工农民因工伤亡的，应否适用〈工伤保险条例〉请示的答复》中，明确了超过退休年龄的农民工可以被认定为工伤："用人单位聘用的超过法定退休年龄的务工农民，在工作时间内、因工作原因伤亡的，应当适用《工伤保险条例》的有关规定进行工伤认定。"同时，最高人民法院行政审判庭在《关于退休人员与现工作单位之间是否构成劳动关系以及工作时间内受伤是否适用〈工伤保险条例〉问题的答复》也明确提出，根据《工伤保险条例》第二条、第六十一条等有关规定，离退休人员受聘于现工作单位，现工作单位已经为其缴纳了工伤保险费，其在受聘期间因工作受到事故伤害的，应当适用《工伤保险条例》的有关规定处理。

从上述答复内容来看，超过退休年龄的劳动者在工作中受伤的，也是有可能被认定为工伤的。

律师提醒

在一些地方出台的相关规定中，明确提出用人单位聘用的离退休人员或者超过法定退休年龄的，不予受理工伤认定申请。对于不同省份，要首先查看本地的具体规定。

71 用人单位没有缴纳工伤保险费，劳动者能享受工伤保险待遇吗？

用人单位应当为所有劳动者缴纳工伤保险费，这是《工伤保险条例》第十条的强制性规定，而且保险费只由单位缴纳，个人不承担。

《社会保险法》第四十一条规定：“职工所在用人单位未依法缴纳工伤保险费，发生工伤事故的，由用人单位支付工伤保险待遇。用人单位不支付的，从工伤保险基金中先行支付。”

用人单位没有缴纳工伤保险费，劳动者可以向劳动行政部门举报；发生工伤后发现没有缴纳工伤保险费的，用人单位应当按照《工伤保险条例》的规定向劳动者支付工伤保险待遇。用人单位拒绝支付或者劳动者对支付的数额有异议，劳动者可以向劳动仲裁部门申请仲裁。

律师提醒

如果劳动者发生了工伤，不论用人单位是否缴纳了工伤保险费，都可以享受工伤保险待遇。

72 发生工伤后，用人单位能不能解除劳动关系？

根据《劳动合同法》第四十二条的规定，在本单位患职业病或者因工负伤并被确认丧失或者部分丧失劳动能力的，用人单位不得依照本法第四十条、第四十一条的规定解除劳动合同。

根据《工伤保险条例》第三十五条、第三十六条、第三十七条的规定，职工因工致残被鉴定为一级至四级伤残的，保留劳动关系，退出工作岗位，享受相应的工伤保险待遇；伤残为五级、六级的，保留劳动关系，由用人单位安排适当工作，难以安排工作的，由用人单位按月发给伤残津贴；伤残为七级到十级的，在符合《劳动合同法》规定情况下可以解除或终止劳动关系。

律师提醒

在发生工伤后，用人单位的劳动关系解除权受到比较严格的限制，如果单位提出解除劳动关系，一定要谨慎对待，积极依法维权。

73 发生工伤后可以“私了”吗？

《最高人民法院关于审理劳动争议案件适用法律问题的解释（一）》第三十五条规定，劳动者与用人单位就解除或者终止劳动合同办理相关手续、支付工资报酬、加班费、经济补偿或者赔偿金等达成的协议，不违反法律、行政法规的强制性规定，且不存在欺诈、胁迫或者乘人之危情形的，应当认定有效。前款协议存在重大误解或者显失公平情形，当事人请求撤销的，人民法院应予支持。《劳动争议调解仲裁法》第四条也规定，“发生劳动争议，劳动者可以与用人单位协商”。由此可见，发生工伤事故后，劳动者与用人单位对于工伤赔偿等问题可以协商解决，也就是我们所说的“私了”。私了的最大好处是方式灵活，时间短，成本低。

但是，工伤“私了”也存在较大风险。一般来说，“私了”解决的工伤案件往往是用人单位没有给劳动者缴纳工伤保险费的。正因为如此，用人单位才愿意以“私了”方式解决。但由于劳动者与用人单位并不是处在平等的地位，在协商过程中难免会遇到不利于劳动者的情形。比如用人单位提出的赔偿数额与《工伤保险条例》所规定数额相差很多；用人单位要求劳动者必须承担一定的责任；“私了”后劳动者的伤情恶化难以得到后续治疗费用；用人单位以“私了”来逃避安全生产监管；等等。正是由于存在诸多问题，我们必须慎重对待。

因此，为了维护劳动者合法权益，在工伤“私了”问题上，要特别注意以下几个方面：

（1）劳动者手中的证据不够充分，申请工伤认定需要花费大量的时间和成本时才予以考虑。如果劳动者有充分的证据证明其与用人单位之间的劳动关系以及发生工伤事故的经过，就应当首先进行工伤认定，通过法定途径来获得赔偿。

（2）“私了”不能以牺牲劳动者的合法权益

为代价，如果用人单位要求劳动者必须承担一定责任才能“私了”或者答应支付的赔偿数额比法定数额低很多，就不应当坚持“私了”。

（3）劳动者在与用人单位协商时，应当事先作好充分准备和评估，比如伤情能不能达到伤残等级，达到几级，按照当地规定应得到多少赔偿；是否需要后续治疗，治疗费是多少等，做到心中有数。

律师提醒

《民法典》第一百五十一条规定，一方利用对方处于危困状态、缺乏判断能力等情形，致使民事法律行为成立时显失公平的，受损害方有权请求人民法院或者仲裁机构予以撤销。如果劳动者在“私了”后发现赔偿数额远低于法定标准，可以根据该规定向法院起诉申请撤销“私了”协议。

74 什么是工伤保险待遇先行支付？符合什么条件才能申请？

工伤保险待遇先行支付，是指如果发生工伤事故，用人单位没有依法缴纳工伤保险费，或者由于第三人的原因造成工伤，第三人不支付工伤医疗费用，或者无法确定第三人等工伤情形，均由工伤保险基金先行支付。先行支付后，社会保险经办机构可向第三人或用人单位进行追偿。

根据《社会保险基金先行支付暂行办法》第四条、第六条的规定，职工发生工伤事故后申请社保基金先行支付的，有以下两种情形：

（1）因第三人造成的工伤。职工发生工伤后其工伤待遇除单位承担部分外，其余均由工伤保险基金支付。但对于第三人造成的伤害，因其工伤系由第三人的行为所致，为此相关费用及待遇应由第三人承担。只有在第三人不支付或找不到第三人的情况下才可以要求工伤基金先行支付。

此种情况下先行支付必须要满足两个条件：一是因第三人侵权行为造成的工伤；二是第三人不支付或无法确定第三人的。

（2）单位未依法为职工缴纳工伤保险费用发生工伤事故，符合下列情形之一的，可以申请先行支付：

①用人单位依法被吊销营业执照、撤销登记、备案；

②用人单位拒绝支付全部或者部分费用；

③依法经仲裁、诉讼后仍不能获得工伤保险

待遇，法院出具中止执行文书的；

④用人单位不支付的其他情形。

律师提醒

如果劳动者被确认工伤和伤残级别，并且经过仲裁、诉讼确定了单位应当承担的工伤保险待遇，此时如果单位无财产可供执行，劳动者可通过先行支付的方式解决工伤待遇无法实现的问题。

75 劳动者在非法用工单位发生事故后，能否得到赔偿?

无营业执照或者未经依法登记、备案的单位以及被依法吊销营业执照或者撤销登记、备案的单位的职工受到事故伤害或者患上职业病的，由该单位向伤残职工或者死亡职工的近亲属给予一次性赔偿，赔偿标准不得低于《工伤保险条例》规定的工伤保险待遇；具体赔偿标准依照《非法用工单位伤亡人员一次性赔偿办法》。

律师提醒

劳动者在寻找工作机会时，一定要增强自我保护意识，首先要核实用人单位是否合法用工，尽可能避免因非法用工而造成的维权困境。

76 用人单位应当为劳动者缴纳哪些保险？

根据《社会保险法》第十条、第二十三条、第三十三条、第四十四条和第五十三条的规定，用人单位应当为劳动者缴纳的社会保险有：(1) 基本养老保险；(2) 基本医疗保险；(3) 工伤保险；(4) 失业保险；(5) 生育保险。其中工伤保险费、生育保险费全部由用人单位缴纳，个人不缴费；基本养老保险费、基本医疗保险费、失业保险费由用人单位和劳动者共同缴纳。

律师提醒

如果用人单位没有为劳动者缴纳保险费，劳动者可以向劳动保障部门或社保部门投诉。因用人单位未缴纳社会保险而给劳动者造成损失的，劳动者还可以依法要求用人单位予以补偿。

77 如果不参加社会保险，单位能不能把保险费折算到劳动者的工资里发放？

用人单位给劳动者参加社会保险，是法律的强制性规定，不论劳动者想不想参加社会保险，单位都不能把保险费折算到工资里。《社会保险法》第六十条明确规定，“职工应当缴纳的社会保险费由用人单位代扣代缴，用人单位应当按月将缴纳社会保险费的明细情况告知本人”；《社会保险费征缴暂行条例》第十二条也明确规定，“缴费个人应当缴纳的社会保险费，由所在单位从其本人工资中代扣代缴”。因此，职工的社会保险费应当由单位从职工的工资中扣除本人应负担的部分加上单位应缴部分后统一缴纳，而不能折算到工资里。

有些劳动者觉得有没有保险无所谓，还不如现在多给自己发点工资来得实惠。这种做法从表面上看增加了收入，但实际上不仅使单位逃避了其应当承担的责任，更重要的是对劳动者养老、工伤、医疗等保险待遇权益造成了侵害。比如养老保险，单位要按照个人工资的20%缴费，个人则按工资标准的8%缴费，如果单位不缴纳保险，把保险费折算到工资里，实际上单位多发的只是劳动者应当缴纳的8%。看起来每个月都多拿到了一些钱，但实际上单位省下的更多；而且，如果不参加养老保险，将来劳动者老了也领不到退休金，生活缺乏保障。

律师提醒

用人单位将社会保险费通过工资或补贴等任何现金形式发放给个人，都是虚假提高薪酬、规避为劳动者缴纳社会保险费用的违法行为，侵害了劳动者享受社会保障的合法权益。

78 用人单位拒绝为劳动者缴纳社会保险时该怎么办？

《社会保险法》第六十三条规定："用人单位未按时足额缴纳社会保险费的，由社会保险费征收机构责令其限期缴纳或者补足。用人单位逾期仍未缴纳或者补足社会保险费的，社会保险费征收机构可以向银行和其他金融机构查询其存款账户；并可以申请县级以上有关行政部门作出划拨社会保险费的决定，书面通知其开户银行或者其他金融机构划拨社会保险费。用人单位账户余额少于应当缴纳的社会保险费的，社会保险费征收机构可以要求该用人单位提供担保，签订延期缴费协议。用人单位未足额缴纳社会保险费且未提供担保的，社会保险费征收机构可以申请人民法院扣押、查封、拍卖其价值相当于应当缴纳社会保险费的财产，以拍卖所得抵缴社会保险费。”用人单位没有为劳动者缴纳社会保险的，可以向当地的社会保险行政部门举报。

根据《社会保险法》第八十六条的规定："用人单位未按时足额缴纳社会保险费的，由社会保险费征收机构责令限期缴纳或者补足，并自欠缴之日起，按日加收万分之五的滞纳金；逾期仍不缴纳的，由有关行政部门处欠缴数额一倍以上三倍以下的罚款。”

律师提醒

劳动者可以携带身份证、劳动合同等证明劳动关系的材料以及银行流水等证明去社会保险费征收机构投诉，要求补缴社会保险，还可以以单位未按照法律规定缴纳社会保险为由解除劳动合同，并要求单位支付经济补偿。

79 劳动者放弃社保的申明有效吗？

《社会保险法》第四条规定，中华人民共和国境内的用人单位和个人依法缴纳社会保险费。第六十条规定，职工应当缴纳的社会保险费由用人单位代扣代缴。因此，即使劳动者是自愿放弃上社保，并签署了放弃缴纳社保费的承诺书，无论企业是否将社保费折抵现金支付给劳动者，该声明都是违反法律规定的，不能作为企业和劳动者不缴纳社会保险费的理由。

律师提醒

参加社会保险并依法缴纳社会保险费是用人单位和劳动者的法定义务，不能由用人单位和劳动者通过约定放弃。

80 什么是职工养老保险？符合什么条件才能领取养老金？

养老保险是国家立法强制实施，当劳动者年老退出劳动领域，失去劳动收入时，为劳动者提供基本生活水平保障的制度。《社会保险法》第十条第一款规定：“职工应当参加基本养老保险，由用人单位和职工共同缴纳基本养老保险费。”第十一条规定：“基本养老保险实行社会统筹与个人账户相结合。基本养老保险基金由用人单位和个人缴费以及政府补贴等组成。”对于在职职工来说，养老保险费分为单位缴费和个人缴费两个部分：单位缴费部分划入统筹账户中，个人缴费部分计入个人账户里。

一般来说，参加养老保险的劳动者达到退休年龄办理退休手续后，开始按月享受养老金待遇直至死亡，而领取养老金需要符合以下条件：

（1）劳动者达到法定退休年龄并办理退休手续。根据《国务院关于安置老弱病残干部的暂行办法》第四条和《国务院关于工人退休、退职的暂行办法》第一条的规定，国家法定的企业职工退休年龄是男年满 60 周岁，女工人年满 50 周岁，女干部年满 55 周岁。从事井下、高温、高空、特别繁重体力劳动或者其他有害身体健康的特殊工种的，退休年龄为男年满 55 周岁，女年满 45 周岁。因病或非因工致残，由医院证明并经过劳动能力鉴定委员会确认完全丧失劳动能力的，退休年龄为男年满 50 周岁，女年满 45 周岁。

2021 年 12 月 30 日，国务院印发了《“十四五”国家老龄事业发展和养老服务体系规划》，明确提出，实施渐进式延迟法定退休年龄。因此，在未来退休年龄会有所提高，人力资源社会保障部正在会同相关部门制定延迟退休具体实施方案。

（2）累计缴费年限满 15 年。《社会保险法》第十六条第一款规定：“参加基本养老保险的个人，达到法定退休年龄时累计缴费满十五年的，按月领取基本养老金。”如果参保职工达到法定退休年龄时累计缴费不足 15 年的，可以缴费至满 15 年，按月领取基本养老金；也可以转入新型农村社会养老保险或者城镇居民社会养老保险，按照国家规定享受相应的养老保险待遇。

律师提醒

“养老保险缴费满 15 年”是办理退休并享受按月领取养老保险的必要条件之一，但并非缴费满 15 年就不用再缴了，只要职工处于就业、有收入状态，用人单位和职工就必须按时足额缴纳基本养老保险费。否则参保人必须在补缴养老保险费和依法缴纳滞纳金之后，才能按规定享受养老保险待遇。而且，养老金的多少与缴费年限和缴费基数是直接挂钩的，也就是缴费时间越长、缴费金额越多，将来退休后领取的养老金也就越多。因此，不能认为养老保险缴费满 15 年就不用再缴费了。

81 在不同城市工作并参加养老保险的，缴纳的养老保险费怎么处理？

《社会保险法》第十九条规定，职工跨统筹地区就业的，养老保险关系可以随职工本人转移，缴费年限实行累计计算。个人达到法定退休年龄的，基本养老金分段计算、统一支付；达到法定退休年龄时累计缴费不足 15 年的，根据相关规定处理。目前，在不同城市参加养老保险的处理依据主要是《城镇企业职工基本养老保险关系转移接续暂行办法》。养老保险关系转移接续的具体内容如下。

（1）参保职工跨统筹地区就业转移基本养老保险关系时，保险费的转移方法如下。

① 个人账户储存额：1998 年 1 月 1 日之前按个人缴费累计本息计算转移，1998 年 1 月 1 日后按计入个人账户的全部储存额计算转移。

② 统筹基金（单位缴费）：以本人 1998 年 1 月 1 日后各年度实际缴费工资为基数，按 12% 的总和转移，参保缴费不足 1 年的，按实际缴费月数计算转移。

（2）参保人员的基本养老保险关系的转移接续手续办理方法如下。

① 参保人员返回户籍所在地（指省、自治区、直辖市）就业参保的，户籍所在地的社保经办机构应为其及时办理转移接续手续。

② 参保人员到其他地区就业参保的，由新参保地的社保经办机构为其办理转移接续手续。但如果男性年满 50 周岁、女性年满 40 周岁的，应当在原参保地继续保留基本养老保险关系，同时在新参保地建立临时基本养老保险缴费账户，记录单位和个人全部缴费。参保人员再次跨省流动就业或者在新参保地达到养老保险待遇领取条件时，将临时基本养老保险缴费账户中的全部缴费本息，转移归集到原参保地或待遇领取地。

③ 如果参保人员是经县级以上党委组织部门、人力资源社会保障行政部门批准调动，而且与调入单位建立劳动关系并缴纳基本养老保险费的，不受上述男年满 50 周岁、女年满 40 周岁的年龄限制，应当在调入地及时办理基本养老保险关系转移接续手续。

（3）跨地区流动就业的参保人员，达到养老金的领取条件时，其待遇领取地按如下确定。

① 基本养老保险关系在户籍所在地的，由户籍所在地负责办理待遇领取手续，享受基本养老保险待遇。

② 基本养老保险关系不在户籍所在地，而在其基本养老保险关系所在地累计缴费年限满 10 年的，在该地办理待遇领取手续，享受当地基本养老保险待遇。

③ 基本养老保险关系不在户籍所在地，且在其基本养老保险关系所在地累计缴费年限不满 10 年的，将其基本养老保险关系转回上一个缴费年限满 10 年的原参保地办理待遇领取手续，享受基本养老保险待遇。

④ 基本养老保险关系不在户籍所在地，且在每个参保地的累计缴费年限均不满 10 年的，将其基本养老保险关系及相应资金归集到户籍所在

地，由户籍所在地按规定办理待遇领取手续，享受基本养老保险待遇。

律师提醒

劳动者从打工的城市返乡后没有继续缴费的，由原参保地社保经办机构保留其基本养老保险关系，保存其全部参保缴费记录及个人账户，个人账户储存额继续按规定计息。劳动者返回城镇就业并继续参保缴费的，无论其回到原参保地就业还是到其他城镇就业，均按前述规定累计计算其缴费年限，合并计算其个人账户储存额，符合待遇领取条件的，与城镇职工同样享受基本养老保险待遇；劳动者不再返回城镇就业的，其在城镇参保缴费记录及个人账户全部有效，并根据劳动者的实际情况，或在其达到规定领取条件时享受城镇职工基本养老保险待遇，或转入农村居民养老保险。

82 农民工能不能加入医疗保险这个“大家庭”？

在外工作，最怕的是得病，特别是得大病。农村进城务工人员如果得了较严重的疾病，仅靠新型农村合作医疗保险远远不够，难以支付在城市的医疗费用。如果劳动者在一个用人单位工作，和这个单位形成了劳动关系，用人单位有义务提供医疗保险费用缴纳保障。

按照目前我国的情况，进城务工的农民工有权参加基本医疗保险，按规定缴纳医疗保险费，享受相应的基本医疗保险待遇。但具体如何参保，要根据不同的情况来定。

如果有就业单位，签订劳动合同并与企业建立稳定劳动关系的农村进城务工人员，根据《社会保险法》第二十三条第一款的规定，应该纳入城镇职工基本医疗保险制度，由用人单位和务工人员共同缴纳保险费用。其他农村进城务工人员根据自身的实际情况，可以以灵活就业人员的身份参加职工医疗保险，也可以参加户籍所在地的新型农村合作医疗或务工所在地的城乡居民基本医疗保险。

律师提醒

无雇工的个体工商户、未在用人单位参加职工基本医疗保险的非全日制从业人员以及其他灵活就业人员可以参加职工基本医疗保险，由个人按照国家规定缴纳基本医疗保险费。

83 新型农村合作医疗“家庭”有什么成员？

新型农村合作医疗制度是由政府组织、引导、支持，农民自愿参加，个人、集体和政府多方筹资，以大病医疗统筹为主要内容的农民医疗互助共济制度。新型农村合作医疗原则上适用于具有农业户口的农村居民。《国务院关于整合城乡居民基本医疗保险制度的意见》已将原来的新型农村合作医疗和城镇居民医保整合为“城乡居民医疗保险”。整合之后，新型农村合作医疗在报销比例、报销范围、报销方式以及药品目录上都有改进和扩大。

新型农村合作医疗与职工基本医疗保险不同，农民参加合作医疗以自愿为原则，不是法定义务，不能硬性要求农民参加，也不能硬性要求集体经济组织出资。这是由目前农村经济发展水平决定的，农民自愿参加，就不会人为加重农民负担。

然而农村合作医疗的性质决定了其需要有一定数量的人参加才能正常运作，因此，农村基层组织需要积极引导农民参加合作医疗保险制度。

律师提醒

俗话说："不怕穷，就怕病。"一个家庭有一人得了大病，就可能拖累全家，对生产生活造成严重影响。农民参加新型农村合作医疗，首先是个人得益。其次，新型农村合作医疗由政府扶持，政府支持的资金往往超过农民个人的出资，如果农民不参加，就无法享受政府提供的服务。

84 进城务工人员原有的农村合作医疗怎么办?

《流动就业人员基本医疗保障关系转移接续暂行办法》第二条规定，城乡各类流动就业人员按照现行规定相应参加城镇职工基本医疗保险、城镇居民基本医疗保险或新型农村合作医疗，不得同时参加和重复享受待遇。各地不得以户籍等原因设置参加障碍。

第三条规定，农村户籍人员在城镇单位就业并有稳定劳动关系的，由用人单位按照《社会保险登记管理暂行办法》的规定办理登记手续，参加就业地城镇职工基本医疗保险。其他流动就业的，可自愿选择参加户籍所在地新型农村合作医疗或就业地城镇居民基本医疗保险，并按照有关规定到户籍所在地新型农村合作医疗经办机构或就业地社会（医疗）保险经办机构办理登记手续。

第四条规定，新型农村合作医疗参合人员参加城镇居民基本医疗保险后，由就业地社会（医疗）保险经办机构通知户籍所在地新型农村合作医疗经办机构办理转移手续，按当地规定退出新型农村合作医疗，不再享受新型农村合作医疗待遇。

第五条规定，由于劳动关系终止或其他原因中止城镇居民基本医疗保险关系的农村户籍人员，可凭就业地社会（医疗）保险经办机构出具

的参保凭证，向户籍所在地新型农村合作医疗经办机构申请，按当地规定参加新型农村合作医疗。

律师提醒

农村户籍人员在城镇单位就业并有稳定劳动关系的，应当首选参加城镇职工医疗保险，其原先参加的新型农村合作医疗可以按当地规定退出；如果农民工将来返回老家，还可以继续参加新型农村合作医疗。

85 劳动者参加失业保险后可以享受哪些失业保险待遇？

失业保险和养老保险、医疗保险、工伤保险一样，是强制性的社会保险，用人单位和职工都必须参加。《社会保险法》第四十五条规定，失业人员具备以下三项条件的，可以领取失业保险金：

（1）失业前用人单位和本人已经缴纳失业保险费满一年的；

（2）非因本人意愿中断就业的；

（3）已经进行失业登记，并有求职要求的。

失业保险金的领取期限，根据《社会保险法》第四十六条的规定，失业人员失业前用人单位和本人累计缴费满 1 年不足 5 年的，领取失业保险金的期限最长为 12 个月；累计缴费满 5 年不足 10 年的，领取失业保险金的期限最长为 18 个月；累计缴费 10 年以上的，领取失业保险金的期限最长为 24 个月。重新就业后，再次失业的，缴费时间重新计算，领取失业保险金的期限与前次失业应当领取而尚未领取的失业保险金的期限合并计算，最长不超过 24 个月。

失业保险金的标准，根据《社会保险法》第四十七条的规定，由省、自治区、直辖市人民政府确定，不得低于城市居民最低生活保障标准。

律师提醒

根据《实施〈中华人民共和国社会保险法〉若干规定》第十三条第五项的规定，劳动者本人依照《劳动合同法》第三十八条规定主动辞职的，仍然属于“非因本人意愿中断就业”的情形，劳动者有权领取失业保险待遇。

86 劳动者出国务工应当注意哪些问题？

近年来出现了出国务工热，与此同时，以提供出国务工的机会为名进行诈骗的案例也逐渐增多，比如，有的在国外注册公司后回国招聘员工，并借招聘大肆收取“中介费”，而当国内员工持旅游签证前往后才知上当；有的“黑中介”以旅游签证的名义将务工人员送到国外后，再由国外勾结的企业以技术不过关为由解雇，或者以旅游签证将务工人员带到国外就不管了，任凭其滞留他国。

打算出国务工的，应该注意以下几个方面的问题。

（1）要选择正规的出国中介企业。《对外劳务合作管理条例》第五条明确规定：“从事对外劳务合作，应当按照省、自治区、直辖市人民政府的规定，经省级或者设区的市级人民政府商务主管部门批准，取得对外劳务合作经营资格。”正规的出国中介企业必须要具备商务部门颁发的“对外劳务合作经营许可证”，取得该资格后，政府每年还要年审，中介企业需向政府交纳备案保证金。由于门槛较高，正规的有出国劳务资质的企业其实并不多，务工人员可以在商务部和当地政府的网站上查到相关中介的信息。如果没有相关资质却对外宣传可以介绍到国外打工的，对于这种“黑中介”要小心防范，以免钱财被骗，甚至孤身被滞留国外。

（2）要做好出国务工准备。出国务工前都会有语言培训，无论是从事劳动密集的产业还是从事技术工种，到国外工作都要能够达到简单交流的程度，因此出国人员需要进行语言培训。

（3）出国务工前要了解清楚务工的相关情况。比如要去的国家和地区、外国雇主的名称、出去后自己的具体工作、多久回国一次、每周的工作时间、加班费如何计算、工资是按月还是按周发放、是发人民币还是当地货币等，都要问个详细明白。还要了解打工国家的习俗、风土人情和生活习惯。

（4）要注意出国务工一定要取得工作签证。《对外劳务合作管理条例》第八条第二款规定：“任何单位和个人不得以商务、旅游、留学等名义组织劳务人员赴国外工作。”出国签证有旅游签证、商务签证、留学签证、工作签证等，出国务工必须要有工作签证，否则拿着旅游签证或者商务签证等非工作签证打工的，可能会面临坐牢、罚款以及遣返的后果。

87 什么是夫妻共同财产和夫妻个人财产？处分夫妻共同财产应当注意什么问题？

《民法典》第一千零六十二条规定，夫妻在婚姻关系存续期间所得的下列财产，为夫妻共同财产，归夫妻共同所有：（一）工资、奖金、劳务报酬；（二）生产、经营、投资的收益；（三）知识产权的收益；（四）继承或受赠的财产，但遗嘱或赠与合同中确定只归一方的财产除外；（五）其他应当归共同所有的财产。夫妻对共同所有的财产，有平等的处理权。

《民法典》第一千零六十三条规定，有下列情形之一的，为夫妻一方的财产：（一）一方的婚前财产；（二）一方因受到人身损害获得的赔偿和补偿；（三）遗嘱或赠与合同中确定只归一方的财产；（四）一方专用的生活用品；（五）其他应当归一方的财产。

夫或妻对夫妻共同财产，有平等的处理权，但这并不意味着处分夫妻共同财产必须都要夫妻的一致同意才行。根据《民法典》第一千零六十条、第一千零六十四条的规定，如果是日常生活所需而处理夫妻共同财产的，比如购买食物、衣服等，任何一方均有权决定；如果是非因日常生活需要对夫妻共同财产做重要处理决定的（比如卖房），原则上应当由夫妻共同决定，但是，为了保护第三人（比如买房人）的合法权益，即使是夫或妻一方做出的卖房决定，但买房人能够证明卖房是用于夫妻共同生活、共同生产经营或者基于夫妻双方共同意思表示的，另一方也不得以不同意或不知情为由取消房屋买卖合同。

对一方卖房的法律效力问题，《最高人民法院关于适用〈中华人民共和国民法典〉婚姻家庭编的解释（一）》第二十八条明确规定："一方未经另一方同意出售夫妻共同所有的房屋，第三人善意购买、支付合理对价并已办理不动产登记，另一方主张追回该房屋的，人民法院不予支持。夫妻一方擅自处分共同所有的房屋造成另一方损失，离婚时另一方请求赔偿损失的，人民法院应予支持。"

律师提醒

根据《民法典》第一千零六十六条的规定，婚姻关系存续期间，有下列情形之一的，夫妻一方可以向人民法院请求分割共同财产：（1）一方有隐藏、转移、变卖、毁损、挥霍夫妻共同财产或者伪造夫妻共同债务等严重损害夫妻共同财产利益的行为；(2)一方负有法定扶养义务的人患重大疾病需要医治，另一方不同意支付相关医疗费用。

88 什么是家庭暴力？遭受家庭暴力后可以向哪里求助？

《中华人民共和国反家庭暴力法》（以下简称《反家庭暴力法》）第二条规定："本法所称家庭暴力，是指家庭成员之间以殴打、捆绑、残害、限制人身自由以及经常性谩骂、恐吓等方式实施的身体、精神等侵害行为。"严重的家庭暴力行为还可能构成刑事犯罪。最高人民法院、最高人民检察院、公安部、司法部联合发布的《关于依法处理家庭暴力犯罪案件的意见》第十六条明确提出：依法准确定罪处罚。对故意杀人、故意伤害、强奸、猥亵儿童、非法拘禁、侮辱、暴力干涉婚姻自由、虐待、遗弃等侵害公民人身权利的家庭暴力犯罪，应当根据犯罪的事实、犯罪的性质、情节和对社会的危害程度，严格依照刑法的有关规定判处。对于同一行为同时触犯多个罪名的，依照处罚较重的规定定罪处罚。

根据《反家庭暴力法》的规定，家庭暴力的受害者可以有如下求助渠道。

（1）家暴受害者可以向所在单位、村（居）委会、妇联等单位求助。《反家庭暴力法》第十三条第一款规定："家庭暴力受害人及其法定代理人、近亲属可以向加害人或者受害人所在单位、居民委员会、村民委员会、妇女联合会等单位投诉、反映或者求助。有关单位接到家庭暴力投诉、反映或者求助后，应当给予帮助、处理。"

（2）家暴受害者可以向公安机关求助。根据《反家庭暴力法》第十五条、第十六条、第三十三条的规定，公安机关在接到家庭暴力的报案后，应当及时出警，按照有关规定调查取证，协助受害人就医，进行伤情鉴定。家庭暴力构成违反治安管理行为的，依法给予治安管理处罚；构成犯罪的，依法追究刑事责任。家庭暴力情节较轻，依法不给予治安管理处罚的，由公安机关对加害人给予批评教育或者出具告诫书。如果是无民事行为能力人、限制民事行为能力人因为家庭暴力身体受到严重伤害、面临人身安全威胁或者处于无人照料等危险状态的，公安机关应当通知并协助民政部门将其安置到临时庇护场所、救助管理机构或者福利机构。

（3）家暴受害者可以向人民法院申请人身安全保护令。根据《反家庭暴力法》第四章“人身安全保护令”的规定，人身安全保护令向申请人或者被申请人居住地、家庭暴力发生地的基层人民法院提出。如果是无民事行为能力人或者限制民事行为能力人受到家庭暴力的，或者受害者因受到强制、威吓等原因无法申请人身安全保护令的，其近亲属、公安机关、妇联、居委会、村委会、救助管理机构都可以代为申请。人身安全保护令的具体内容有：禁止加害人实施家庭暴力，禁止加害人骚扰、跟踪、接触受害人及其相关近亲属，责令加害人迁出受害人的住所，以及保护受害人人身安全的其他措施。

（4）家暴受害者可以申请法律援助和司法救助。《反家庭暴力法》第十九条规定，法律援助机构应当依法为家庭暴力受害人提供法律援助。人民法院应当依法对家庭暴力受害人缓收、减收或者免收诉讼费用。《法律援助法》第三十二条也规定，遭受虐待、遗弃或者家庭暴力的受害人因主张相关权益申请法律援助的，不受经济困难条件的限制。

劳动争议处理篇

89 什么是劳动争议？劳动者与用人单位发生劳动争议后有哪些解决途径？

劳动争议又称劳动纠纷，是指劳动关系当事人之间因劳动权利和义务产生分歧而引起的纷争。根据《劳动争议调解仲裁法》第四条、第五条的规定，在劳动者与用人单位发生劳动争议后，可以采取多种途径予以解决。

（1）协商解决。发生劳动争议后，劳动者可以与用人单位协商，也可以请工会或者第三方共同与用人单位协商，达成和解协议。

（2）请求相关机构调解解决。若当事人不愿协商、协商不成或者达成和解协议后不履行的，可以向调解组织申请调解。

（3）到劳动争议仲裁委员会申请仲裁。不愿调解、调解不成或者达成调解协议后不履行的，可以向劳动争议仲裁委员会申请仲裁。

（4）向人民法院提起诉讼。对仲裁裁决不服的，劳动争议双方均可向人民法院提起诉讼。另外，《最高人民法院关于审理劳动争议案件适用法律问题的解释（一）》第十五条明确规定，劳动者以用人单位的工资欠条为证据直接提起诉讼，诉讼请求不涉及劳动关系其他争议的，视为拖欠劳动报酬争议，也可以不经过劳动仲裁程序直接去法院起诉，人民法院按照普通民事纠纷受理。

在此需要注意一点，《劳动争议调解仲裁法》第四十七条明确规定了两种情况为一裁终局，因此，如果用人单位对这两类裁决不服的，只能向有管辖权的中级人民法院依法提出撤销仲裁裁决的诉讼。反之，劳动者对此裁决不服的，可以直接到基层人民法院提起诉讼。

律师提醒

虽然我国法律规定解决劳动争议的途径很多，但还是要提醒劳动争议双方注意以下几点：(1) 协商和劳动争议仲裁前的调解并不是劳动争议解决的必经途径。(2) 劳动争议仲裁是提起劳动争议诉讼的前置程序。除法律特别规定外，对未经仲裁的案件，法院不予受理。

90 发生劳动争议，劳动者可以到哪些调解组织申请调解？

《劳动争议调解仲裁法》第十条规定，发生劳动争议，当事人可以到下列调解组织申请调解：

（1）企业劳动争议调解委员会；

（2）依法设立的基层人民调解组织；

（3）在乡镇、街道设立的具有劳动争议调解职能的组织。

企业劳动争议调解委员会由职工代表和企业代表组成。职工代表由工会成员担任或者由全体职工推举产生，企业代表由企业负责人指定。企业劳动争议调解委员会主任由工会成员或者双方推举的人员担任。

《劳动争议调解仲裁法》第十二条规定，当事人申请劳动争议调解可以书面申请，也可以口头申请。口头申请的，调解组织应当当场记录申请人基本情况、申请调解的争议事项、理由和时间。

律师提醒

达成调解协议后，一方当事人在协议约定期限内不履行调解协议的，另一方当事人可以依法申请仲裁。

91 劳动者和单位发生劳动争议后，应该到哪个劳动争议仲裁委员会提出申请？

根据《劳动争议调解仲裁法》第二十一条的规定，劳动争议由劳动合同履行地或者用人单位所在地的劳动争议仲裁委员会管辖。双方当事人分别向劳动合同履行地和用人单位所在地的劳动争议仲裁委员会申请仲裁的，由劳动合同履行地的劳动争议仲裁委员会管辖。

这里所说的“劳动合同履行地”，通常是指劳动者提供劳动所在地；“用人单位所在地”则是指用人单位的注册地。如果出现不一致的情况，申请仲裁时，优先选择劳动合同履行地。如果劳动者的工作地点不固定，比如负责产品维修的员工，或者经常被派往各地超市的促销员，这种情况下申请仲裁时最好到用人单位所在地。

劳动争议仲裁委员会在收到仲裁申请之日起5日内，符合受理条件的申请，应当受理，并通知申请人；对不符合受理条件的申请，应当书面通知申请人不予受理，并说明理由。对劳动争议仲裁委员会不予受理或者逾期没有作出决定的，申请人可以直接向法院起诉。

律师提醒

根据《劳动争议调解仲裁法》的规定，劳动争议仲裁是不收费的。

92 发生劳动争议后应在多长时间内申请仲裁？

《劳动争议调解仲裁法》第二十七条规定，劳动争议仲裁的时效期间为1年。仲裁时效期间从当事人知道或者应当知道其权利被侵害之日起计算。如果在1年的时效期间里，劳动者曾向用人单位主张过权利的，或者向有关部门请求过权利救济的，再或者单位同意履行义务的，有以上任何一种情形发生的，仲裁时效就中断了，从中断时起，仲裁时效期间会重新计算。比如，劳动者被单位解雇之后，没有给工资和补偿，从解雇之日起开始计算仲裁时效，3 个月后，劳动者首先向劳动监察部门投诉，那么仲裁时效就从投诉之日起中断，又按照 1 年时间重新起算，此前的 3 个月不计算在内。

如果有不可抗力或者其他正当理由，不能在上述规定的仲裁时效期间申请仲裁的，仲裁时效中止。从中止时效的原因消除之日起，仲裁时效的期间继续计算。

律师提醒

劳动者知道或者应当知道其权利被侵害之日，是指有证据表明劳动者知道自己的权利被侵害的日期，或者根据一般规律推定劳动者知道自己的权利被侵害的日期，即劳动争议发生之日。

93 哪些劳动争议案件可以提起先予执行申请?

《劳动争议调解仲裁法》第四十四条规定，仲裁庭对追索劳动报酬、工伤医疗费、经济补偿或者赔偿金的案件，根据当事人的申请，可以裁决先予执行，移送人民法院执行。

仲裁庭裁决先予执行的，应当符合下列条件：

（1）当事人之间权利义务关系明确；

（2）不先予执行将严重影响申请人的生活。

律师提醒

劳动者申请先予执行的，可以不提供担保。

94 劳动争议案件仲裁裁决是否一旦作出就生效?

劳动争议案件通常是“先裁后审”。也就是说，劳动者和单位如果对仲裁裁决不服，还可以起诉到人民法院，进行审理。因此，仲裁裁决作出后，除非劳动者和单位双方都不起诉，才能生效。

根据《劳动争议调解仲裁法》第四十七条的规定，有两类劳动争议案件是“一裁终局”的，此两类案件裁决作出后用人单位不享有到法院起诉的权利：

（1）追索劳动报酬、工伤医疗费、经济补偿或者赔偿金，不超过当地月最低工资标准 12 个月金额的争议；

（2）因执行国家的劳动标准在工作时间、休息休假、社会保险等方面发生的争议。

律师提醒

即使是“一裁终局”的案件，劳动者如果对裁决不服，仍然有权向法院起诉；如果用人单位不服的，只有在特定情形下才能向仲裁委员会所在地的中级人民法院申请撤销裁决，裁决被撤销后劳动者和用人单位都可以就该劳动争议事项向人民法院提起诉讼。

95 劳动者对仲裁裁决不服应该怎么办？

劳动争议当事人对非终局仲裁裁决不服的，可以自收到仲裁裁决书之日起 15 日内向人民法院提起诉讼。期满不起诉的，裁决书即发生法律效力。一方当事人在法定期限内不起诉又不履行仲裁裁决的，另一方当事人可以申请人民法院强制执行。

律师提醒

对仲裁裁决不服的，劳动者和用人单位双方都可以起诉。如果劳动者和用人单位均未起诉的，劳动者要在 15 日期满后及时要求用人单位支付相关赔偿；用人单位不履行的，根据《民事诉讼法》第二百三十一条的规定，劳动者应当向用人单位住所地或者被执行的财产所在地人民法院申请强制执行。

96 什么是工会实施职工法律援助？哪些情形可以向工会申请职工法律援助？

工会实施职工法律援助，是指工会组织根据

《工会法》《劳动合同法》《法律援助法》《中国工会章程》和《工会法律援助办法》等法律法规政策文件，为保证职工、工会工作者的各项法定权利在现实生活中得以实现，对需要通过法律手段维护自身合法权益，但因经济困难无力支付法律服务费用或有其他特殊情形的职工，权益受到侵害的工会工作者，由工会及其法律援助机构依法为他们提供诉讼或非诉讼的无偿法律服务，使其合法权益免受非法侵害，保障其合法权益得以实现的工作机制。

工会法律援助的范围主要包括：（1）劳动争议案件；（2）因劳动权益涉及的职工人身权、民主权、财产权受到侵犯的案件；（3）工会工作者因履行职责合法权益受到侵犯的案件；（4）工会认为需要提供法律援助的其他事项。

律师提醒

目前，劳动关系日趋复杂，侵犯职工特别是困难职工、农民工合法权益的劳动争议数量增加，这些职工对法律、法规不太熟悉，又没有能力聘请律师。工会法律援助机构通过提供法律咨询，参与劳动争议协商、调解，代理劳动争议仲裁和诉讼等法律手段，在化解劳动关系矛盾，维护职工合法权益，促进劳动关系和谐与社会稳定中发挥了积极、重要的作用，成为政府法律援助的重要补充。

民事诉讼时效及特别程序表

时效类别	法律规定	期间
一般诉讼时效	除法律另有规定外，一般情况下向人民法院请求保护民事权利的诉讼时效期间	3 年
最长诉讼时效	从权利受到损害之日起超过 20 年，人民法院不予保护，有特殊情况的，人民法院可以根据权利人的申请决定延长	20 年
不适用诉讼时效的情形	请求停止侵害、排除妨碍、消除危险；不动产物权和登记的动产物权的权利人请求返还财产；请求支付抚养费、赡养费或者扶养费；依法不适用诉讼时效的其他请求权	无

工会维权篇

97 农民工可以加入工会吗？加入工会需要具备哪些条件？

农民工有权依法加入工会。用人单位工会应当依法吸收农民工入会，任何组织和个人不得限制或者变相限制农民工自愿加入工会。

加入工会需要具备以下三个条件：

（1）以工资收入为主要生活来源或者与用人单位建立劳动关系；

（2）承认《中国工会章程》；

（3）自愿申请加入工会。

职工自愿申请加入工会，既是对工会的认识问题，又是对工会的态度问题，先由个人提出申请，工会小组讨论通过，再经工会基层委员会批准，绝不强迫命令。

律师提醒

根据全国总工会印发的《工会会员会籍管理办法》第七条的规定，非全日制等形式灵活就业的农民工，可以申请加入所在单位工会，也可以申请加入所在地的乡镇（街道）、开发区（工业园区）、村（社区）工会和区域性（行业性）工会联合会等。

98 工会可以为农民工提供哪些普惠服务？

（1）在劳动就业上，指导帮助农民工签订劳动合同，开展就业援助、技能培训、创业扶持、小额贷款，培育扶持农民工就业创业示范基地和创业典型，并成规模、高效率地开展农民工培训。

（2）在工资报酬上，围绕工时工价、劳动定额等开展集体协商；以建筑施工、公路和水利建设、加工制造、餐饮服务及劳动密集型企业、劳务派遣企业为重点，推动建立欠薪报告制度。

（3）在社会保障上，引导农民工增强社保意识，督促企业按时足额缴纳社会保险，提高农民工参保率，并推动解决社保缴费、转移、接续等问题。

（4）在安全生产上，组织更多农民工参与群众性劳动安全卫生监督检查，扩大“安康杯”竞赛覆盖面。重点关注建筑业、采矿业等高危行业安全防护工作，在工伤认定、劳动能力鉴定、工伤保险待遇落实等方面有效帮助农民工。

（5）在困难帮扶上，深入开展“送温暖”“送清凉”“金秋助学”“农民工平安返乡”等活动和特殊困难职工群体法律援助工作，帮助农民工解决生产生活中遇到的实际困难。

律师提醒

遭遇拖欠工资的农民工，可拨打工会“12351”维权热线，或前往工会帮扶中心、工会法律援助中心寻求帮助。

99 加入工会的一般程序是什么？

《中国工会章程》第二条规定：“职工加入工会，由本人自愿申请，经工会基层委员会批准并发给会员证。”

职工加入工会的具体程序如下。（1）本人自愿申请。由要求入会的职工通过口头或书面形式及通过互联网等渠道提出申请，填写《中华全国总工会入会申请书》和《工会会员登记表》，报工会基层委员会。（2）工会基层委员会批准并发给会员证。工会基层委员会接到职工入会申请书后，应当及时召开会议，研究审查接纳职工入会事项。主要内容有：①申请人是否符合入会条件；②是否自愿；③是否符合入会手续。凡符合条件和入会手续的应当批准。批准后发给其《工会会员证》，并通知申请人从何时起交纳会费。

律师提醒

加入工会后，如果换了新工作，工会会员资格依然是有效的。职工在更换工作单位后，需将工会组织关系转到新的用人单位工会。

100 农民工可以在哪里加入工会？

在发展农民工入会的过程中，为了方便农民工入会，简化农民工入会手续，可以采取集体登记入会、街道和社区直接吸收农民工入会等方式，有效地推动农民工最大限度地加入工会。各市（县、区）总工会统筹协调本地各类重点群体入会工作。

具体来说，农民工可以通过以下渠道加入工会：（1）在务工企业入会；（2）在村社区工会入会；（3）在乡镇（街道）工会入会；（4）在行业工会入会；（5）在工业园区工会入会；（6）在施工项目工会入会。

2021年7月中华全国总工会印发《工会会员会籍管理办法》第八条规定，农民工输出地工会开展入会宣传，启发农民工入会意识；输入地工会按照属地管理原则，广泛吸收农民工加入工会。农民工会员变更用人单位时，应及时办理会员会籍接转手续，不需重复入会。

律师提醒

如果用人单位尚未建立工会组织的，农民工可以到社区加入工会，特别是在小餐饮、小门店、小超市和从事家政服务等依托社区开展经营活动的，加入社区工会较为方便。如果用人单位和社区均没有成立工会，可以加入街道工会。如果是在建筑工地从事工作的，农民工加入施工项目工会较为方便快捷。

101 成为工会会员后享有哪些权利、应尽哪些义务？

加入工会，成为工会会员，就可以依法行使会员的权利。根据《中国工会章程》第三条的规定，会员享有以下权利：

（1）选举权、被选举权和表决权。

（2）对工会工作进行监督，提出意见和建议，要求撤换或者罢免不称职的工会工作人员。

（3）对国家和社会生活问题及本单位工作提出批评与建议，要求工会组织向有关方面如实反映。

（4）在合法权益受到侵犯时，要求工会给予保护。

（5）工会提供的文化、教育、体育、旅游、疗休养、生活救助、法律服务、就业服务等优惠待遇；工会给予的各种奖励。

（6）在工会会议和工会媒体上，参加关于工会工作和职工关心问题的讨论。

根据《中国工会章程》第四条的规定，工会会员享有会员权利的同时，还应当履行以下几个方面的义务：

（1）学习政治、经济、文化、法律、科学、技术和工会基本知识等。

(2) 积极参加民主管理，努力完成生产和工作任务。

(3) 遵守宪法和法律，践行社会主义核心价值观，维护社会公德和职业道德，遵守劳动纪律。

(4) 正确处理国家、集体、个人三者利益关系，向危害国家、社会利益的行为作斗争。

(5) 维护中国工人阶级和工会组织的团结统一，发扬阶级友爱，搞好互助互济。

(6) 遵守工会章程，执行工会决议，参加工会活动，按月交纳会费。

律师提醒

根据《中国工会章程》第六条的规定，会员没有正当理由连续六个月不交纳会费、不参加工会组织生活，经教育拒不改正，应视为自动退会。

102 加入工会以后，需要交纳多少会费？

交纳会费是工会会员应尽的义务，同时也是会员在工会组织内部享受权利的物质基础。会员交纳工会会费，体现了会员的组织观念，密切了会员与工会组织的联系，同时也有利于增强职工之间的互助互济和团结友爱。

根据《中华全国总工会关于收交工会会费的通知》规定，工会会员应依据月工资收入的0.5%按月向基层工会交纳会费，工资尾数不足10元的，不计交会费。会员交纳的会费，全部留在基层，用于工会开展活动，无须上交。

律师提醒

我国工会组织的建立实行自愿结合的原则，职工享有自愿入会、退会自由的权利。

新冠病毒感染与劳动关系问题篇

103 感染新冠病毒之后，还会被要求强制隔离吗?

2020 年 1 月，国家卫生健康委发布的 1 号公告中提到：“将新型冠状病毒感染的肺炎纳入《中华人民共和国传染病防治法》规定的乙类传染病，并采取甲类传染病的预防、控制措施。”因此，新型冠状病毒感染虽然是乙类传染病，但此前一直是采取“乙类甲管”的措施，按照甲类传染病进行管理。《传染病防治法》第三十九条规定，医疗机构发现甲类传染病时，应当及时采取下列措施：（一）对病人、病原携带者，予以隔离治疗，隔离期限根据医学检查结果确定；（二）对疑似病人，确诊前在指定场所单独隔离治疗；（三）对医疗机构内的病人、病原携带者、疑似病人的密切接触者，在指定场所进行医学观察和采取其他必要的预防措施。根据上述规定，甲类传染病的相关人员需要采取强制隔离措施。

2022 年 12 月，国家卫生健康委员会发布了《关于将新型冠状病毒肺炎更名为新型冠状病毒感染的公告》，通知自 2023 年 1 月 8 日起，解除了对新型冠状病毒感染采取的甲类传染病预防、控制措施。因此，现在感染新冠病毒后，不会被强制隔离了。

律师提醒

虽然感染新冠病毒后不再要求强制隔离，但劳动者最好还是居家休养，待病好之后再重返岗位。

104 劳动者感染新冠病毒后，还需要向单位报告吗？

根据《传染病防治法》第三十一条的规定，任何单位和个人发现传染病病人或者疑似传染病病人时，应当及时向附近的疾病预防控制机构或者医疗机构报告。因此，劳动者具有告知义务。另外，如果劳动者明知自己感染了新冠病毒却故意隐瞒不报，导致传染病传播，给其他员工及单位造成损失的话，该劳动者也需要承担相应的赔偿责任。情节严重，危害公共安全的，还可能涉嫌以危险方法危害公共安全罪。因此，劳动者如果感染了新冠病毒，一定要及时报告，不要隐瞒。

律师提醒

新冠病毒调整为“乙类乙管”，但并不是放任不管，劳动者为了他人生命健康和公共卫生，应当向单位报告其感染情况。

105 因感染新冠病毒需要在家休养的，还能够向单位主张工资吗？

新冠病毒感染纳入乙类管理后，感染者不用再按甲类管理被强制隔离，因此，因感染新冠病毒不能上班的，停工治疗期间应按照病假处理，劳动者可以主张病假工资。

《企业职工患病或非因工负伤医疗期规定》第五条规定，企业职工在医疗期内，其病假工资、疾病救济费和医疗待遇按照有关规定执行。病假工资的支付标准各地均有地方性规定。以北京为例，《北京市工资支付规定》第二十一条规定，劳动者患病或者非因工负伤的，在病休期间，用人单位应当根据劳动合同或集体合同的约定支付病假工资。用人单位支付病假工资不得低于本市最低工资标准的80%。因此如果是在医疗期内，确实因病需要在家休养的，可以要求单位支付病假工资。

律师提醒

劳动者如果感染了新冠病毒且确有必要停工治疗休养的，应履行请假手续。

106 对新冠病毒感染的密接者有什么劳动保护？

新冠病毒感染降级为“乙类乙管”之后，根据《传染病防治法》第四章“疫情控制”的规定，对新冠病毒感染者不再实行隔离措施，不再判定密切接触者，不再划定高低风险区，因此目前已经没有密接者的概念了，接触过新冠病毒感染者的劳动者不需要居家隔离，也不存在特殊的劳动保护。

律师提醒

劳动者接触了新冠病毒感染者，应关注自身健康状况。如果确定被传染了，可以根据身体状况选择居家休养，或者与单位协商居家办公。

107 劳动者感染新冠病毒期间，单位能解除劳动合同吗？

新冠病毒感染降级为“乙类乙管”后，劳动者感染新冠病毒期间，用人单位能否解除劳动合同，要看劳动者的身体状况。如果感染的劳动者因病情较重需进行治疗或休养的，因劳动者处于医疗期间，根据《劳动合同法》第四十二条的规定，用人单位在法定医疗期内的，不得依据《劳动合同法》第四十条、第四十一条解除劳动合同。

如果劳动者虽然感染了病毒，但无症状或者症状较轻不需要治疗休养的，因不符合停工治疗的医疗期条件，用人单位可以依法解除劳动合同。

律师提醒

劳动者如果认为单位是违法解除劳动合同的，应当举证证明自己在法定医疗期内，即因感染新冠病毒需要停止工作进行治疗。

108 劳动者感染新冠病毒后，试用期可以延长吗？

根据《劳动合同法》第十九条第二款的规定，同一用人单位与同一劳动者只能约定一次试用期。即使是在对新冠病毒实施“乙类甲管”的严控期间，以北京为例，也仅是不将因感染新冠病毒导致无法正常提供劳动的期间计算在原约定的试用期内，而不是视为延长了原约定的试用期。在新冠病毒“乙类乙管”后不存在隔离问题，更不存在试用期延长的可能性了。

律师提醒

劳动者感染新冠病毒不会导致试用期延长，如果劳动者因感染新冠病毒而无法正常工作的，用人单位可以与其协商将治疗休养期间不计入试用期间。

109 医护人员因工作原因感染新冠病毒是否属于工伤？

人力资源社会保障部、财政部、国家卫生健康委在2020年发布的《关于因履行工作职责感染新型冠状病毒肺炎的医护及相关工作人员有关保障问题的通知》规定：“在新型冠状病毒肺炎预防和救治工作中，医护及相关工作人员因履行工作职责，感染新型冠状病毒肺炎或因感染新型冠状病毒肺炎死亡的，应认定为工伤，依法享受工伤保险待遇。”不过，人力资源社会保障部在解读该政策时提到，如果不是从事新冠肺炎预防和救治的医护及相关工作人员，感染新冠肺炎是不能认定为工伤的。

根据国务院应对新型冠状病毒感染疫情联防联控机制综合组于2022年12月发布的《关于对新型冠状病毒感染实施“乙类乙管”的总体方案》，当时命名为“新冠肺炎”，主要考虑疫情初期病例大部分有肺炎表现，随着奥密克戎变异株成为主要流行株以后，致病力减弱，仅有极少数病例有肺炎表现。因此将“新冠肺炎”更名为“新型冠状病毒感染”。新冠病毒虽然感染人数多，但致病力较早期明显下降，所致疾病已逐步演化为常见的呼吸道传染病，因此，医护人员感染新冠病毒不再作为工伤处理。

律师提醒

在《工伤保险条例》中，关于因病认定工伤的只有两种：职业病、在工作时间和工作岗位突发疾病48小时死亡的，新冠病毒感染“乙类乙管”后，再将因工作原因感染新冠纳入工伤没有法律依据。

110 劳动者被确诊新冠病毒感染的，用人单位是否需要支付医疗费用？

如果用人单位为劳动者缴纳了医疗保险，那么劳动者可以通过医疗保险报销相应的医疗费用，无须用人单位支付。如果用人单位没有为劳动者缴纳医疗保险，导致劳动者无法通过医疗保险报销相应的医疗费用，那么应由用人单位承担相应费用，即因没有缴纳医疗保险而给劳动者造成的损失。

另外，实施“乙类乙管”后，国家医保局、财政部、国家卫生健康委、国家疾控局发布了《关于实施“乙类乙管”后优化新型冠状病毒感染患者治疗费用医疗保障相关政策的通知》，明确新型冠状病毒感染患者在所有收治医疗机构发生的、符合卫生健康部门制定的新型冠状病毒感染诊疗方案的住院医疗费用，执行前期费用保障政策，由基本医保、大病保险、医疗救助等按规定支付后，个人负担部分由财政给予补助，所需资金由地方财政先行支付，中央财政按实际发生费用的60%予以补助。该政策以患者入院时间计算，先行执行至2023年3月31日。

律师提醒

新冠病毒感染纳入“乙类乙管”后，劳动者感染新冠病毒的，应当通过医疗保险渠道报销相关的医疗费用，单位没有为劳动者参加医疗保险导致无法报销的，用人单位应当承担相应费用。

111 劳动者感染新冠病毒后，用人单位采取灵活办公或居家办公的，工资如何发放？

不同的人感染新冠病毒后的症状和身体感受有所差异，如果是无症状或者轻症状、不影响工作的，劳动者可以与单位协商一致，采取远程办公、居家办公的方式提供正常劳动，这种情况下单位应当按照劳动者正常出勤支付工资。《最高人民法院关于为稳定就业提供司法服务和保障的意见》第十一条规定：“除依法按协商程序降低劳动报酬外，用人单位安排劳动者通过居家办公或者灵活办公等方式提供正常劳动，劳动者请求按正常工资标准支付其工资的，人民法院应当依法支持。”

律师提醒

劳动者居家办公、远程办公的，应当保留与单位协商一致的相关证据。

新就业形态劳动者
劳动保障权益维护篇

112 什么是符合确立劳动关系情形的劳动者？

符合确立劳动关系情形的劳动者即劳动法意义上的劳动者，即年满 16 周岁、具有劳动能力、与用人单位建立劳动关系的自然人。相比于传统的就业形态，新就业形态下的用工关系更为灵活，工作方式上更自主、用工时间上更自由，但是，这并不意味着新就业形态劳动者就是自由职业者，与企业不存在劳动关系。根据原劳动和社会保障部《关于确立劳动关系有关事项的通知》第一条的规定，“用人单位招用劳动者未订立书面劳动合同，但同时具备下列情形的，劳动关系成立。（一）用人单位和劳动者符合法律、法规规定的主体资格；（二）用人单位依法制定的各项劳动规章制度适用于劳动者，劳动者受用人单位的劳动管理，从事用人单位安排的有报酬的劳动；（三）劳动者提供的劳动是用人单位业务的组成部分”。

在新就业形态下，符合确立劳动关系情形主要有三种情况：

（1）劳动者与平台企业签订劳动合同，或者未签订劳动合同，但符合上述条件的，双方形成事实劳动关系，存在劳动关系。

（2）劳动者从事平台企业所安排的工作任务，与平台企业的外包、承揽、代理商、加盟合作企业、劳务派遣企业等签订劳动合同，并受其用工管理的，劳动者与上述企业建立劳动关系；虽未签订劳动合同，但符合《关于确立劳动关系有关事项的通知》中的条件的，双方同样存在劳动关系。

（3）其他依托互联网平台用工，符合《关于确立劳动关系有关事项的通知》规定情形的。

新业态用工虽然在形式上实行“数字管理”，但如果其实质上与传统的从属性劳动没有本质差异，比如企业雇用劳动者后，以“派单”的方式指令劳动者在特定时间、特定区域从事特定劳动，劳动者需遵守企业制定的规则，并通过劳动获得企业支付的劳动报酬，那么，双方仍然存在劳动关系。

律师提醒

对于符合确立劳动关系情形的劳动者，企业应当遵守《劳动法》《劳动合同法》《社会保险法》等相关规定，依法与劳动者订立劳动合同，保障劳动者合法权益。

113 什么是不完全符合确立劳动关系情形的劳动者？

2021 年 7 月，人力资源社会保障部等八部门联合发布的《关于维护新就业形态劳动者劳动保障权益的指导意见》首次提出了不完全符合确立劳动关系情形的劳动者概念，即“不完全符合确立劳动关系情形但企业对劳动者进行劳动管理（以下简称不完全符合确立劳动关系情形）的，指导企业与劳动者订立书面协议，合理确定企业与劳动者的权利义务”。具体来说，这类劳动者有较强的工作安排自主权，但其在线工作要接受平台规则管理或算法约束并获取劳动报酬。

北京市在 2021 年发布的《关于促进新就业形态健康发展的若干措施》中，将此类劳动者定义为“平台网约劳动者”：“依托互联网平台（以下简称‘平台’），与平台企业不完全符合确立劳动关系情形，根据平台规则完成工作和接受劳动管理，获取劳动报酬的劳动者（以下简称‘平台网约劳动者’）。”

这一类劳动者是新就业形态劳动者中大家最为关注的。比如，以外卖送餐员为例，在送餐员中有众包骑手，可能在一家平台送餐，也可能在多家平台注册送餐，虽然在送餐过程中骑手要遵守平台的规则，但是，具体在什么区域送餐、何时选择送餐等，这些都是骑手可以自己决定的。因此，在这种情形下，骑手与平台之间在人身和组织从属性上就相对较弱，不如完全劳动关系那么强，这就是不完全符合确立劳动关系情形的劳动者。

律师提醒

“不完全符合确立劳动关系情形”不是平等的民事关系，虽然劳动者工作有一定的自主性，但受平台的算法和劳动规则管理。因此，平台企业要与劳动者订立书面协议，通过协议明确双方权利义务，按照《关于维护新就业形态劳动者劳动保障权益的指导意见》的要求承担相应责任。

114 什么是依托平台从事自由职业的劳动者？

《关于维护新就业形态劳动者劳动保障权益的指导意见》对依托平台从事自由职业的劳动者的界定是：“个人依托平台自主开展经营活动、从事自由职业等，按照民事法律调整双方的权利义务。”即劳动者仅仅是依托平台企业提供的信息和场景，自主开展经营活动，获取营业收入，自负盈亏，与平台企业未形成管理与被管理关系。比如，依托互联网平台从事策划、咨询，或者利用空闲时间依托平台完成一个短期工作等。在这种情形下，平台与劳动者之间建立的就是民事法律关系，比如承揽合同关系。

律师提醒

个人依托平台自主开展经营活动、从事自由职业等，按照民事法律调整双方的权利义务。

115 符合确立劳动关系劳动者享有哪些权利？

符合确立劳动关系的劳动者享有《劳动法》《劳动合同法》《社会保险法》等法律规定所赋予的权利，主要包括：

（1）平等就业权。《劳动法》第十二条规定，劳动者就业不因民族、种族、性别、宗教信仰不同而受歧视。《劳动法》《妇女权益保障法》还对妇女的平等就业权作了特别强调，即妇女享有与男子平等的就业权利，在录用职工时，除国家规定的不适合妇女的工种或者岗位外，不得以性别为由拒绝录用妇女或者提高对妇女的录用标准；在录用女职工时，不得在劳动合同中限制女职工结婚、生育的权利；在晋级、晋职、评定专业技术职务等方面，不得歧视妇女。此外，用人单位还应根据国家有关政策接收有劳动能力的残疾人就业。

（2）获取劳动报酬权。用人单位应该按时足额支付工资。工资是指用人单位依据国家有关规定或劳动合同的约定，以货币形式直接支付给本单位劳动者的劳动报酬，一般包括计时工资、计件工资、奖金、津贴和补贴、延长工作时间的工资报酬以及特殊情况下支付的工资等。

（3）休息休假权。《劳动法》及相关行政法规规定，劳动者每日工作时间不超过 8 小时，平均每周工作时间不超过 40 小时。根据人力资源社会保障部发布的《我国法定年节假日等休假相关标准》，劳动者的休息休假有以下五种：休息日、法定年节假日、年休假、探亲假以及婚丧假。

（4）获得劳动安全卫生保护权。用人单位必须建立、健全劳动安全卫生制度，严格执行国家劳动安全卫生规程和标准，对劳动者进行安全卫生教育和健康检查，防止劳动过程中发生事故，减少职业危害，职业病患者有权要求及时治疗并调离原岗位。

（5）享受社会保险权。享受社会保险和生活福利权，是指劳动者因年老、疾病、失业、工伤、生育等原因而失去劳动能力或者劳动机会因而没有正常的劳动收入来源时，其本人及家庭从社会获得物质帮助和补偿的一种权利。根据《劳动法》第七十三条规定，劳动者在以下情形下依法享受社会保险待遇：退休，患病、负伤，因工伤残或者患职业病，失业，生育。劳动者死亡后，其遗属依法享受遗属津贴。

（6）接受职业培训权。用人单位应当建立职业培训制度，根据本单位的实际情况有计划地对劳动者进行职业培训。从事技术工种的劳动者，上岗前必须经过培训。

（7）参加工会权。工会代表并维护劳动者的合法权益，依法独立自主地开展活动。通过参加工会组织，劳动者可以团结起来增强力量，更有效地维护自己的权利。

（8）依法解除劳动合同的权利。根据《劳动法》和《劳动合同法》的规定，劳动者解除劳动合同，应当提前30日并以书面形式通知用人单位。因此，劳动者只要提前 30 日并以书面形式告知用人单位，即可以解除劳动合同。

（9）提请劳动争议处理的权利。劳动者与用人单位发生劳动争议后，劳动者可以与用人单位协商，也可以依法申请调解、仲裁，提起诉讼。

律师提醒

劳动者享有的各项权利都由法律保障，劳动者应当积极、善意地行使自己的各项权利。

116 什么是公平就业权？

公平就业权，是指达到法定就业年龄、具有劳动能力的劳动者在劳动力市场上享有在平等条件下获得就业的权利，不因民族、种族、性别、宗教信仰的不同而遭受歧视。《劳动法》第十二条规定：“劳动者就业，不因民族、种族、性别、宗教信仰不同而受歧视。”第十三条规定：“妇女享有与男子平等的就业权利。在录用职工时，除国家规定的不适合妇女的工种或者岗位外，不得以性别为由拒绝录用妇女或者提高对妇女的录用标准。”《就业促进法》第三条也规定：“劳动者依法享有平等就业和自主择业的权利。劳动者就业，不因民族、种族、性别、宗教信仰等不同而受歧视。”《关于维护新就业形态劳动者劳动保障权益的指导意见》中也提出，企业招用劳动者不得违法设置性别、民族、年龄等歧视性条件，不得以缴纳保证金、押金或者其他名义向劳动者收取财物。

公平就业权不仅是劳动者享有的基本劳动权利，还是一项基本的民事权利。劳动者享有公平就业权是其人格独立和意志自由的表现，侵害其公平就业权不仅侵害了其就业的权利，还侵害了其人格权和人格尊严，对人的精神健康甚至身体健康造成损害。如果用人单位因歧视侵犯了劳动者的公平就业权，由于双方尚未建立劳动关系，因此无法寻求劳动权利救济，但因该行为的民事侵权性质，劳动者可以提起民事诉讼，寻求民事侵权救济。《就业促进法》第六十二条规定：“违反本法规定，实施就业歧视的，劳动者可以向人民法院提起诉讼。”

律师提醒

劳动者因就业歧视而提起诉讼的，应当提前准备好相关证据，比如用人单位在招聘中出现的歧视性语言、歧视性标准等。针对妇女的就业歧视，根据《妇女权益保障法》第七十七条的规定，女性劳动者还可以向检察机关寻求帮助，由检察机关依法提起公益诉讼。

117 被派遣劳动者享有哪些权利？

在新就业形态中，平台企业为了“切断”与劳动者之间的劳动关系，有的选择了劳务派遣的用工方式，即平台与劳务派遣公司签订劳务派遣协议，劳务派遣公司将劳动者派遣至平台工作。在这种用工模式下，劳务派遣公司虽然是劳动者的用人单位，但劳动者却是为平台企业提供劳动。根据《劳动合同法》第五十七条至第六十七条、《劳务派遣暂行规定》的相关内容，派遣单位与用工单位均应当履行对劳动者的义务。具体而言，被派遣劳动者享有如下的权利：

（1）签订劳动合同的权利。劳务派遣单位应当与劳动者根据《劳动合同法》的要求签订2年以上的固定期限劳动合同，劳动合同应当载明被派遣劳动者的用工单位以及派遣期限、工作岗位等情况。未征得被派遣劳动者的同意，派遣单位不得对劳动合同条款单方面变更。

（2）仅限于临时性、辅助性或者替代性工作岗位上工作的权利。用工单位只能在临时性、辅助性或者替代性的工作岗位上使用被派遣劳动者。临时性工作岗位是指存续时间不超过6个月的岗位；辅助性工作岗位是指为主营业务岗位提供服务的非主营业务岗位；替代性工作岗位是指用工单位的劳动者因脱产学习、休假等原因无法工作的一定期间内，可以由其他劳动者替代工作的岗位。

（3）无工作期间获得报酬的权利。被派遣劳动者在无工作期间，劳务派遣单位应当按照所在地的最低工资标准，向其按月支付报酬。

（4）获知劳务派遣协议的权利。劳务派遣单位派遣劳动者应当与接受以劳务派遣形式用工的单位订立劳务派遣协议。劳务派遣协议应当约定派遣岗位和人员数量、派遣期限、劳动报酬和社会保险费的数额与支付方式以及违反协议的责任。劳务派遣单位应当将劳务派遣协议的内容告知被派遣劳动者。

（5）不得被克扣劳动报酬的权利。劳务派遣单位不得克扣用工单位按照劳务派遣协议支付给被派遣劳动者的劳动报酬。

（6）不得被收取费用的权利。劳务派遣单位和用工单位不得向被派遣劳动者收取费用。

（7）不得被用工单位再派遣的权利。用工单位不得将被派遣劳动者再派遣到其他用人单位。

（8）同工同酬的权利。被派遣劳动者享有与用工单位的劳动者同工同酬的权利。用工单位无同类岗位劳动者的，参照用工单位所在地相同或者相近岗位劳动者的劳动报酬确定。

（9）参加工会的权利。被派遣劳动者有权在劳务派遣单位或者用工单位依法参加或者组织工会，维护自身的合法权益。

（10）被解除、终止劳动合同后依法获得补偿的权利。劳务派遣单位或者被派遣劳动者依法解除、终止劳动合同的，劳务派遣单位应当按照《劳动合同法》的标准支付经济补偿。

（11）要求劳务派遣单位和用工单位承担连带责任的权利。劳务派遣单位或者用工单位违反《劳动合同法》的规定，给被派遣劳动者造成损害的，劳务派遣单位与用工单位承担连带赔偿责任。

律师提醒

平台企业只能在临时性、辅助性或者替代性的工作岗位上使用被派遣劳动者，并依法履行劳务派遣用工单位责任。临时性工作岗位是指存续时间不超过6个月的岗位。

118 非全日制工享有哪些权利？

根据《劳动合同法》第六十八条的规定，非全日制用工是指，劳动者在同一用人单位一般平均每日工作时间不超过4小时，每周工作时间累计不超过24小时的用工形式。在新就业形态下劳动用工相对比较灵活，如果劳动者符合非全日制用工的条件，就可以享有以下权利。

（1）可以订立口头合同。《劳动合同法》第六十九条第一款规定："非全日制用工双方当事人可以订立口头协议。"不必签订书面劳动合同。

（2）可以与多个用人单位建立劳动关系。根据《劳动合同法》第六十九条第二款的规定："从事非全日制用工的劳动者可以与一个或者一个以上用人单位订立劳动合同；但是，后订立的劳动合同不得影响先订立的劳动合同的履行。"

（3）不约定试用期。《劳动合同法》第七十条规定："非全日制用工双方当事人不得约定试用期。"

（4）可以随时通知对方终止用工。《劳动合同法》第七十一条规定："非全日制用工双方当事人任何一方都可以随时通知对方终止用工。终止用工，用人单位不向劳动者支付经济补偿。"

（5）工资结算周期最长不得超过 15 日。《劳动合同法》第七十二条规定："非全日制用工小时计酬标准不得低于用人单位所在地人民政府规定的最低小时工资标准。非全日制用工劳动报酬结算支付周期最长不得超过十五日。"

律师提醒

平台企业与非全日制劳动者建立劳动关系的，可以订立口头协议，不得约定试用期。

119 新就业形态劳动者应该签订什么样的书面协议？

2023 年 2 月，人力资源社会保障部办公厅印发了《新就业形态劳动者劳动合同和书面协议订立指引（试行）》（以下简称《指引》），对新就业形态劳动者与平台企业、平台用工合作企业订立劳动合同、书面协议提供了参考。

《指引》第四条规定："企业要根据用工事实和劳动管理程度，综合考虑新就业形态劳动者对工作时间及工作量的自主决定程度、劳动过程受管理控制程度、是否需要遵守有关工作规则和劳动纪律及奖惩办法、工作的持续性、能否决定或者改变交易价格等因素，与符合确立劳动关系情形的新就业形态劳动者订立劳动合同，与不完全符合确立劳动关系情形的新就业形态劳动者订立书面协议。”

根据《指引》第五条至第十五条的规定，签订劳动合同、书面协议应当符合以下条件：

（1）企业与新就业形态劳动者订立劳动合同、书面协议，要遵循合法、公平、平等自愿、协商一致、诚实信用的原则。

（2）企业要如实告知新就业形态劳动者与完成平台网约服务有关的情况，有权了解新就业形态劳动者与订立劳动合同或书面协议直接相关的基本情况，新就业形态劳动者应如实说明。

（3）劳动合同、书面协议由企业与新就业形态劳动者协商一致，并经双方签字或者盖章后生效。采用纸质形式订立的，由企业和劳动者各执一份。采用电子形式订立的，应当符合法定要件，企业要确保劳动者可以使用常用设备随时查看、下载、打印完整内容。

（4）依法订立的劳动合同、书面协议具有约束力，各方应当按照约定全面履行各自的义务。变更劳动合同、书面协议以及企业修订与履行劳动合同、书面协议直接相关的制度规则和平台算法，要符合法律法规和有关政策规定。

（5）企业应当与符合确立劳动关系情形的新就业形态劳动者依法订立劳动合同，不得以诱导、欺诈、胁迫等方式与新就业形态劳动者订立书面协议等减损劳动者权益。已建立劳动关系，未同时订立劳动合同的，企业应当自用工之日起一个月内与劳动者订立劳动合同。劳动合同应当明确用人单位和劳动者的基本信息、劳动合同期限、工作内容和工作地点、工作时间和休息休假、劳动报酬、社会保险、劳动保护等事项，可以约定试用期、培训、福利待遇等其他事项。

（6）平台企业采取合作用工方式，由平台用工合作企业招用劳动者并组织其提供平台网约服务的，可与平台用工合作企业就保障劳动者权益签订专项协议或在合作协议中明确各自应承担的责任。平台用工合作企业要向劳动者如实说明与平台企业约定的涉及劳动者切身利益的事项，可将与平台企业订立的保障劳动者权益的专项协议作为订立劳动合同的附件。

（7）平台企业与不完全符合确立劳动关系情

形的新就业形态劳动者订立书面协议，可以在劳动者注册平台个人账户时订立，也可以在劳动者执行工作任务前订立。书面协议的内容一般包括平台企业和劳动者的基本信息、订单推送与确认、报酬、服务时间与休息、职业保障以及协议的变更、解除和违约责任、争议解决等事项。

（8）平台企业委托经营性人力资源服务机构为不完全符合确立劳动关系情形的新就业形态劳动者提供人力资源管理服务的，经营性人力资源服务机构可以作为第三方，与平台企业、新就业形态劳动者协商订立三方书面协议，在协议中明确其受平台企业委托承担的人力资源管理和服务职责。订立三方书面协议，不改变平台企业应当承担的用工主体责任。

律师提醒

由于自由职业者只是依托平台促成工作机会，因此与平台之间形成居间合同关系，与服务方形成劳务、承揽关系，因此，平台自由职业者应当分别与平台企业、接受服务方签订居间合同、劳务/承揽合同。

120 劳动报酬应该怎样发放?

根据《最高人民法院关于为稳定就业提供司法服务和保障的意见》《关于维护新就业形态劳动者劳动保障权益的指导意见》以及其他相关法律政策对于新就业形态劳动者的权益保障规定，对其劳动报酬的发放应当符合以下要求。

(1) 劳动者提供正常劳动的，其获得的劳动报酬不得低于当地最低工资标准。《最低工资规定》第三条规定："本规定所称最低工资标准，是指劳动者在法定工作时间或依法签订的劳动合同约定的工作时间内提供了正常劳动的前提下，用人单位依法应支付的最低劳动报酬。本规定所称正常劳动，是指劳动者按依法签订的劳动合同约定，在法定工作时间或劳动合同约定的工作时间内从事的劳动。劳动者依法享受带薪年休假、探亲假、婚丧假、生育（产）假、节育手术假等国家规定的假期间，以及法定工作时间内依法参加社会活动期间，视为提供了正常劳动。"

《关于落实网络餐饮平台责任切实维护外卖送餐员权益的指导意见》要求"科学设置报酬规则，保障合理劳动收入"，提出网络餐饮平台要认真完善外卖送餐员劳动报酬规则，建立与工作任务、劳动强度相匹配的收入分配机制。制定科学合理的劳动定额标准和外卖送餐员接单最低报酬，确保外卖送餐员提供正常劳动的实际所得不低于当地最低工资标准。

《关于加强交通运输新业态从业人员权益保障工作的意见》规定“保障从业人员合理劳动报酬”，要求督促网约车平台企业向提供正常劳动的网约车驾驶员支付不低于当地最低工资标准的劳动报酬。

由于网约劳动具有灵活性，“提供正常劳动”的标准需要平台对最低工资制度内的网约劳动时间、劳动量制定相对合理的标准，按照“算法取中”的原则制定算法和考核奖惩规则，确保劳动者在提供正常劳动的情形下能够满足最低工资保障条件。比如，《浙江省维护新就业形态劳动者劳动保障权益实施办法》第十七条第二款规定，企业应当根据国家法定工时制度合理确定劳动定额和接单报酬标准。确定的劳动定额应当使本企业同岗位 90% 以上的劳动者在法定工作时间内能够完成。

（2）不得克扣或无故拖欠工资。《工资支付暂行规定》第十五条明确要求：“用人单位不得克扣劳动者工资。”第十六条规定了用人单位可以从劳动者工资中扣除赔偿的法定条件："因劳动者本人原因给用人单位造成经济损失的，用人单位可按照劳动合同的约定要求其赔偿经济损失。经济损失的赔偿，可从劳动者本人的工资中扣除。但每月扣除的部分不得超过劳动者当月工资的20%。若扣除后的剩余工资部分低于当地月最低工资标准，则按最低工资标准支付。"第十八条对用人单位克扣或者无故拖欠劳动者工资的，要求"由劳动行政部门责令其支付劳动者工资和经济补偿，并可责令其支付赔偿金"。

《最高人民法院关于为稳定就业提供司法服务和保障的意见》第八条明确提出："依法保护劳动者按照约定或者法律规定获得劳动报酬的权利；劳动者因不可抗力、见义勇为、紧急救助以及工作量或者劳动强度明显不合理等非主观因素，超时完成工作任务或者受到消费者差评，主张不能因此扣减应得报酬的，人民法院应当依法支持。"

律师提醒

平台针对网约劳动者制定的各种罚款规则，如送达迟延罚款、被顾客投诉罚款、未提前通知离职罚款等可能属于违反劳动法律法规的行为，其实质都是克扣工资。劳动者有权要求企业补发工资，并有权向劳动保障监察部门投诉。

121 怎样切实保障劳动者休息休假的权利？

《劳动法》第三十六条规定：“国家实行劳动者每日工作时间不超过八小时、平均每周工作时间不超过四十四小时的工时制度。”（《国务院关于职工工作时间的规定》已将每周工作时间缩短为 40 小时）第四十一条规定：“用人单位由于生产经营需要，经与工会和劳动者协商后可以延长工作时间，一般每日不得超过一小时；因特殊原因需要延长工作时间的，在保障劳动者身体健康的条件下延长工作时间每日不得超过三小时，但是每月不得超过三十六小时。”新就业形态劳动者虽然工作时间相对灵活，但其劳动报酬都是根据平台企业制定的薪酬计件制、时薪制等规则支付，劳动者的收入水平高度依赖工作时长，这导致新就业形态劳动者常常处于超时工作状态，而工作时间过长会导致劳动者过劳，长期过劳则会带来身体上的损害。无论是符合确立劳动关系情形的劳动者，还是不完全符合确立劳动关系情形的劳动者，都应确保其休息休假的权利。为此，

《关于维护新就业形态劳动者劳动保障权益的指导意见》要求推动行业明确劳动定员定额标准，科学确定劳动者工作量和劳动强度，督促企业按规定合理确定休息办法，在法定节假日支付高于正常工作时间劳动报酬的合理报酬。

切实保障劳动者的休息休假权利，应当注意以下方面：

（1）科学确定劳动者工作量和劳动强度。《关于落实网络餐饮平台责任切实维护外卖送餐员权益的指导意见》明确“优化平台派单机制，切实保障劳动安全”“对于连续送单超过 4 小时的，系统发出疲劳提示，20 分钟内不再派单”。

《关于加强交通运输新业态从业人员权益保障工作的意见》规定“保障从业人员获得合理休息”，要求网约车平台企业科学确定驾驶员工作时长和劳动强度，保障其有足够休息时间。督促网约车平台企业持续优化派单机制，提高车辆在线服务期间的运营效率，不得以冲单奖励等方式引诱驾驶员超时劳动。

（2）法定节假日支付高于正常工作时间劳动报酬。《劳动法》第四十四条规定了劳动者在延长工作时间、休息日和法定节假日加班时的加班工资标准。对于不完全符合确立劳动关系情形的劳动者，《关于维护新就业形态劳动者劳动保障权益的指导意见》提出的是“在法定节假日支付高于正常工作时间劳动报酬的合理报酬”。

“合理报酬”的标准可以参照普通劳动者的加班费标准，比如重庆市《关于维护新就业形态劳动者劳动保障权益的实施意见》第六条规定，要督促和指导企业严格执行国家相关休息休假制度，对不完全符合确立劳动关系情形的劳动者在法定节假日加班的，可参照《劳动法》相关规定或按照双方约定执行，支付的劳动报酬应高于正常工作时间的劳动报酬。

不过，如果企业与劳动者约定的加班报酬低于法定加班费标准，但高于正常工作时间的工资，那也是符合《关于维护新就业形态劳动者劳动保障权益的指导意见》要求的。

律师提醒

平台企业应当科学确定劳动者的工作量和工作强度，在法定节假日支付合理劳动报酬，确保劳动者的休息权利。

122 劳动者享有哪些劳动安全卫生保护的权利？

《安全生产法》第四条第二款规定："平台经济等新兴行业、领域的生产经营单位应当根据本行业、领域的特点，建立健全并落实全员安全生产责任制，加强从业人员安全生产教育和培训，履行本法和其他法律、法规规定的有关安全生产义务。"《关于维护新就业形态劳动者劳动保障权益的指导意见》也要求，企业要牢固树立安全"红线"意识，不得制定损害劳动者安全健康的考核指标。要严格遵守安全生产相关法律法规，落实全员安全生产责任制，建立健全安全生产规章制度和操作规程，配备必要的劳动安全卫生设施和劳动防护用品，及时对劳动工具的安全和合规状态进行检查，加强安全生产和职业卫生教育培训，重视劳动者身心健康，及时开展心理疏导。强化恶劣天气等特殊情形下的劳动保护，最大限度减少安全生产事故和职业病危害。

保障劳动者的劳动安全卫生保护的权利，应注意以下两个方面：

（1）不得制定损害劳动者安全健康的考核指标。平台应当合理确定订单数量、在线率等考核要素，适当放宽配送时限，不得通过算法等手段侵害劳动者的正当权益。

在外卖算法系统，某些平台企业利用算法设置外卖骑手的配送时间，送餐时间被压缩得越来越短，外卖骑手为了在时限内完成送餐，违反交通规则的情形时有发生，对外卖骑手的生命健康造成严重威胁。配送时间压缩到极限值、订单量和在线率的不合理要求，都是损害劳动者安全健康的考核指标。《关于落实网络餐饮平台责任切实维护外卖送餐员权益的指导意见》提出“优化平台派单机制，切实保障劳动安全”，要求网络餐饮平台要发挥数据技术优势，进一步完善订单分派机制，优化外卖送餐员往返路线，降低劳动强度。科学确定订单饱和度，向外卖送餐员分派发单量时，要充分考虑安全因素。

（2）建立健全安全生产规章制度和操作规程。新就业形态劳动者的职业安全主要通过技术和算法来保障。比如，外卖骑手为了不被系统除名、不影响站点数据，不得不选择铤而走险，经常性地违反交规、频繁发生伤亡事故，这一现象引发社会对平台企业的广泛关注和批评。

对于快递行业，国家邮政局2016年2月发布了《快递安全生产操作规范》（YZ 0149-2015），要求在制定安全生产管理制度、开展日常安全管理等活动时，优先考虑保障快递业务员、用户及公众的人身安全；在发生安全事件时，应将保证人身安全作为第一要求。比如，要求快递服务组织建立并执行车辆检查制度，配备车辆安全管理人员，建立场站现场管理、驾驶员行为规范等安全管理体系；要求驾驶员不应疲劳驾驶，每连续行驶 4 小时应停车休息 20 分钟或更换驾驶员，夜间连续驾驶不应超过 3 小时。

（3）配备必要的劳动安全卫生设施和劳动防护用品。《安全生产法》第四十五条规定："生产经营单位必须为从业人员提供符合国家标准或者行业标准的劳动防护用品，并监督、教育从业人员按照使用规则佩戴、使用。"《关于做好快递员群体合法权益保障工作的意见》明确"优化快递员生产作业环境"，要求督促企业严格执行安全生产相关标准，加大资金投入、配齐劳保用品、升级作业装备、改善工作环境，确保生产作业安全。

（4）强化恶劣天气等特殊情形下的劳动保护。浙江、海南等明确规定，企业应当加强恶劣天气等特殊情形下的劳动保护，应及时采取减少派单、提供防护设施或用具、延长单项服务时限等措施，保障劳动者生命健康安全。

律师提醒

平台企业不得制定损害劳动者安全健康的考核指标，不得以“最严算法”增加劳动强度。

123 劳动者可以参加社会保险吗？

符合确立劳动关系情形的劳动者，有权要求与其建立劳动关系的平台企业或劳务派遣公司、外包公司为其参加职工社会保险。不完全符合确立劳动关系情形的劳动者，以及个人依托平台自主开展经营活动的平台自由职业者，可以以灵活就业人员的身份参加养老保险和医疗保险。《社会保险法》第十条第二款规定：“无雇工的个体工商户、未在用人单位参加基本养老保险的非全日制从业人员以及其他灵活就业人员可以参加基本养老保险，由个人缴纳基本养老保险费。”第二十三条第二款规定：“无雇工的个体工商户、未在用人单位参加职工基本医疗保险的非全日制从业人员以及其他灵活就业人员可以参加职工基本医疗保险，由个人按照国家规定缴纳基本医疗保险费。”《关于维护新就业形态劳动者劳动保障权益的指导意见》要求，完善基本养老保险、医疗保险相关政策，各地要放开灵活就业人员在就业地参加基本养老、基本医疗保险的户籍限制，个别超大型城市难以一步实现的，要结合本地实际，积极创造条件逐步放开。组织未参加职工基本养老、职工基本医疗保险的灵活就业人员，按规定参加城乡居民基本养老、城乡居民基本医疗保险，做到应保尽保。督促企业依法参加社会保险。企业要引导和支持不完全符合确立劳动关系情形的新就业形态劳动者根据自身情况参加相应的社会保险。

在各地放开灵活就业人员在就业地参加基本养老保险、基本医疗保险的户籍限制后，劳动者可以在就业地以灵活就业人员参加职工养老保险、职工医疗保险（有些地方还允许参加职工失业保险）。如果劳动者未参加职工社会保险的，则可以依照规定在就业地或者户籍地参加城乡居民养老和医疗保险。比如，北京市《关于促进新就业形态健康发展的若干措施》第三条第六项提出，逐步完善灵活就业社会保险制度，长期稳定在京实际就业的“平台网约劳动者”和“平台个人灵活就业人员”可按规定参加本市职工基本养老、基本医疗和失业保险，也可选择在户籍地参加社会保险。

律师提醒

以灵活就业人员的身份参加社保的，可选择按月、按季、按半年、按年等方式缴费，缴费全部由个人承担。灵活就业人员达到国家规定的退休年龄，且满足基本养老保险最低缴费年限条件的，可按月领取基本养老金。

124 劳动者是否享有职业伤害保障的权利？

符合确立劳动关系情形的劳动者，有权要求用人单位为其参加工伤保险，劳动者受到工伤伤害的，可以根据《社会保险法》《工伤保险条例》的规定，获得相应的工伤保险待遇。不完全符合确立劳动关系情形的劳动者和平台自由职业者等平台灵活就业人员，由于其就业方式相对灵活，没有与企业建立劳动关系，无法纳入现行的工伤保险制度来保障其权益，因此，需要有专门的职业伤害保障制度来解决他们受到职业伤害而无法得到充分保障的问题。《关于维护新就业形态劳动者劳动保障权益的指导意见》提出，以出行、外卖、即时配送、同城货运等行业的平台企业为重点，组织开展平台灵活就业人员职业伤害保障试点，平台企业应当按规定参加。采取政府主导、信息化引领和社会力量承办相结合的方式，建立健全职业伤害保障管理服务规范和运行机制。鼓励平台企业通过购买人身意外、雇主责任等商业保险，提高平台灵活就业人员保障水平。

《关于落实网络餐饮平台责任切实维护外卖送餐员权益的指导意见》第五条“综合运用保险工具，着力强化保障力度”中也提出，按照国家规定参加平台灵活就业人员职业伤害保障试点，防范和化解外卖送餐员职业伤害风险。鼓励针对平台就业特点，探索提供多样化商业保险保障方案，确保缴纳费用足额投保，提高多层次保障水平。

特别需要注意的是，《浙江省维护新就业形态劳动者劳动保障权益实施办法》提出了“为新就业形态劳动者单险种参加工伤保险”的新保障方式，其第二十七条规定，推进新就业形态劳动者的职业伤害保障工作，平台企业为劳动者单险种参加工伤保险。劳动者同时接送多单且难以确定责任的，由同一路程首单平台企业承担工伤保险责任。平台企业单险种参加工伤保险的，参保缴费、工伤认定、劳动能力鉴定、待遇标准、争议处理等按照《工伤保险条例》《浙江省工伤保险条例》及其相关配套规定执行。平台企业和劳动者未建立劳动关系且未按本办法规定单险种参加工伤保险的，不适用《工伤保险条例》《浙江省工伤保险条例》等法规。

律师提醒

平台自由职业者，如网络设计师、网络咨询师等，平台只是发挥中介居间作用，对平台自由职业者并不进行管理，因此平台自由职业者的职业伤害保障主要还是由自己购买商业保险来获得，平台企业还可以通过购买人身意外险来提高自由职业者的保障水平。

125 发生争议后劳动者如何解决？

《最高人民法院关于为稳定就业提供司法服务和保障的意见》第八条规定：“加强新就业形态劳动者合法权益保障。不完全符合确立劳动关系情形但企业对劳动者进行劳动管理的，可以结合新业态劳动者权益保障指导意见有关规定，依法保障劳动者权益。依法保护劳动者按照约定或者法律规定获得劳动报酬的权利；劳动者因不可抗力、见义勇为、紧急救助以及工作量或者劳动强度明显不合理等非主观因素，超时完成工作任务或者受到消费者差评，主张不能因此扣减应得报酬的，人民法院应当依法支持。推动完善劳动者因执行工作任务遭受损害的责任分担机制。依法认定与用工管理相关的算法规则效力，保护劳动者取得劳动报酬、休息休假等基本合法权益；与用工管理相关的算法规则存在不符合日常生活经验法则、未考虑遵守交通规则等客观因素或者其他违背公序良俗情形，劳动者主张该算法规则对其不具有法律约束力或者请求赔偿因该算法规则不合理造成的损害的，人民法院应当依法支持。”《关于维护新就业形态劳动者劳动保障权益的指导意见》要求，各级法院和劳动争议调解仲裁机构要加强劳动争议办案指导，畅通裁审衔接，根据用工事实认定企业和劳动者的关系，依法依规处理新就业形态劳动者劳动保障权益案件。

根据上述意见，符合确立劳动关系情形的劳动者，如果与平台企业、劳务派遣企业或外包企业发生争议的，应当根据《劳动法》《劳动争议调解仲裁法》的规定，提起劳动仲裁申请。不完全符合确立劳动关系情形的劳动者，在劳动报酬、休息休假、因算法不合理造成损害的赔偿等方面，有权直接向法院提起诉讼，要求平台企业承担责任。平台自由职业者与平台企业之间不存在管理或者依附关系，双方之间是民事合同关系，因此如果发生争议，平台自由职业者应当通过向法院提起合同纠纷来解决争议。

律师提醒

虽然受到平台企业的算法管理，但不完全符合确立劳动关系情形的劳动者并不是《劳动法》意义上的劳动者，因此，与平台企业之间发生的争议不属于劳动争议，劳动者可以直接向法院起诉。

126 劳动者被要求注册为个体工商户，对自身权益有何影响以及救济途径有哪些？

在新型用工模式涌现的同时，有些单位采取让劳动者注册“个体工商户”后，再与本单位或合作单位签订承揽协议的形式用工，以此来掩盖其实质用工身份。比如，当骑手以个体工商户名义从事配送活动，他们就被排除在劳动者的范围之外，与企业之间无法建立劳动关系，在最低工资、休息休假、社会保险、福利待遇等方面，都无法获得劳动法律保护，不得不自担风险、自负盈亏。

为了防止平台企业诱导、强迫劳动者注册为个体工商户，《促进个体工商户发展条例》第三十条第二款明确规定："任何单位和个人不得诱导、强迫劳动者登记注册为个体工商户。"

地方也有类似规定，如《海南省维护新就业形态劳动者劳动保障权益实施办法》第五条明确提出："企业不得以强迫、诱导等不正当方式，要求劳动者注册为在该企业直接经营或与其合作经营的个体工商户。"《浙江省维护新就业形态劳动者劳动保障权益实施办法》第八条也规定，企业与劳动者约定其以个体经营者身份完成工作，但对劳动者进行劳动过程管理的，根据用工事实界定成立劳动关系或者不完全符合确立劳动关系情形，相应确定双方的权利义务。

如果劳动者被要求注册为个体工商户的，可以根据《最高人民法院关于为稳定就业提供司法服务和保障的意见》第七条的规定提起诉讼，确认与平台企业之间的劳动关系："平台企业或者用工合作单位要求劳动者登记为个体工商户后再签订承揽、合作等合同，或者以其他方式规避与劳动者建立劳动关系，劳动者请求根据实际履行情况认定劳动关系的，人民法院应当在查明事实的基础上依法作出相应认定。”

律师提醒

被要求注册成为个体工商户，是一些企业为了规避用工主体责任、切断与劳动者之间的劳动关系的恶劣做法。劳动者在入职签订相关协议时，一定要留意协议内容，不要轻易注册为个体工商户。

127 合作用工中劳动者权益受到损害的，平台企业依法承担什么责任？

平台企业为了分散用工风险，规避劳动法上的义务，往往采取劳务派遣、劳务外包等用工方式。在合作用工中劳动者权益受到损害的，平台企业同样要依法承担相应责任。

（1）平台企业采取劳务派遣合作用工，依法承担用工单位责任。根据《劳动合同法》相关规定，劳务派遣用工单位承担的责任有：

用工单位应当在与劳务派遣单位签订的劳务派遣协议中明确派遣岗位和人员数量、派遣期限、劳动报酬和社会保险费的数额与支付方式以及违反协议的责任；

用工单位应当根据工作岗位的实际需要与劳务派遣单位确定派遣期限，不得将连续用工期限分割订立数个短期劳务派遣协议；

用工单位不得向被派遣劳动者收取费用；

用工单位应当执行国家劳动标准，提供相应的劳动条件和劳动保护；

用工单位应告知被派遣劳动者的工作要求和劳动报酬；

用工单位应给被派遣劳动者支付加班费、绩效奖金，提供与工作岗位相关的福利待遇；

用工单位应当保证被派遣劳动者与本单位员工同工同酬，不得降低其工资标准；

用工单位应保障被派遣劳动者依法参加或者组织工会的权利，不得以没有劳动关系或其他理由阻止劳动者参加本单位工会；

用工单位对在岗被派遣劳动者应进行工作岗位所必需的培训；

用工单位连续用工的，实行正常的工资调整机制；

用工单位应当按照劳务派遣协议使用被派遣劳动者，不得将劳动者再派遣到其他用工单位；

用工单位不得自设劳务派遣单位，向本单位或所属单位派遣劳动者；

用工单位如有法律规定的情形，如未按照合同约定提供劳动保护或者劳动条件，以暴力、威胁或者非法限制人身自由的手段强迫劳动者劳动的，或违章指挥、强令冒险作业危及劳动者人身安全的，被派遣劳动者有权利立即终止劳动，要求用工单位承担相应责任；

用工单位或者劳务派遣单位违反《劳动合同法》的规定，给被派遣劳动者造成损害的，用工单位与劳务派遣单位承担连带赔偿责任。

（2）平台企业采用外包等合作用工的，应当承担相应责任。平台企业采用外包方式合作用工的，外包企业对劳动者进行直接的劳动管理，因此应负首要的用工责任；平台企业基于算法管理，对于劳动者仍然有一定程度的管理和控制，也应当承担因算法、劳动规则等不合理、劳动管理不当等造成劳动者权益损害的补充责任。如果平台企业与劳务合作企业根据《新就业形态劳动者劳动合同和书面协议订立指引（试行）》第十一条的规定，签订了保障劳动者权益的专项协议，双方应当按照专项协议的约定承担各自的责任。

律师提醒

在新经济形态下，平台企业通过互联网招募劳动者、整合供需信息和资源、制定工作规则和算法、通过规则来控制劳动者的服务过程。因此，即使平台企业采用劳务派遣或者外包等合作用工形式的，在劳动者权益保障方面也要承担相应责任。

128 劳动者在多平台就业的，哪一个平台应对其承担责任？

《关于维护新就业形态劳动者劳动保障权益的指导意见》第二条第四项明确要求“不得违法限制劳动者在多平台就业”，之所以要这样规定，不仅是因为垄断限制了劳动者的选择权，还因为垄断导致劳动者对个别平台的依赖性过大，劳动者的议价能力被进一步降低。如果市场竞争较为充分，不同平台之间会在薪酬、福利方面进行竞争，形成一个相对合理的薪酬和风险保障结构。

劳动者在多平台就业的，各平台应对其相应的劳动报酬、职业伤害保障各负其责；对于劳动者工作时长、休息时间等需要多平台协作确定的，还需要未来的进一步规定。

129 相关算法结果是否需要告知劳动者？

应当告知劳动者。在劳动关系中，劳动者享有对规章制度的知情权，这是劳动法、劳动合同法赋予劳动者的一项权利。知情权作为劳动者的一项主要权利，其内容不仅包括劳动者对劳动合同中基本权利义务的知情，也包括对于企业的各项规章制度、管理规则的知情。《劳动合同法》第四条规定了用人单位建立规章制度的合法程序，其中要求“用人单位应当将直接涉及劳动者切身利益的规章制度和重大事项决定公示，或者告知劳动者”。《最高人民法院关于审理劳动争议案件适用法律问题的解释（一）》第五十条第一款规定：“用人单位根据劳动合同法第四条规定，通过民主程序制定的规章制度，不违反国家法律、行政法规及政策规定，并已向劳动者公示的，可以作为确定双方权利义务的依据。”

平台企业的算法属于劳动管理规则的一部

分，而且是直接涉及劳动者权益的规则，劳动者对算法理应享有知情权。

即使是不完全符合劳动关系情形的劳动者，对算法同样享有知情权。相对于完全劳动关系的劳动者，平台企业对于不完全符合劳动关系情形的劳动者的约束要更加弹性化，但弹性化的约束也是一定程度的约束，特别是在服务质量标准和基于评分的考核与奖惩方面，而这些同样直接涉及劳动者权益，因此也应当向劳动者公示。《关于维护新就业形态劳动者劳动保障权益的指导意见》对此规定，平台企业的制度规则和算法，应将结果公示并告知劳动者。国家发改委等九部门发布的《关于推动平台经济规范健康持续发展的若干意见》也要求“引导平台企业加强与新就业形态劳动者之间的协商，合理制定订单分配、计件单价、抽成比例等直接涉及劳动者权益的制度和算法规则，并公开发布，保证制度规则公开透明”。

律师提醒

在数字经济背景下，算法构成了平台企业的劳动管理的重要部分，劳动者有权知晓并提出意见。

130 劳动者怎样参加工会？

新就业形态劳动者同样有参加工会的权利。新修改的《中华人民共和国工会法》第三条增加了一款规定："工会适应企业组织形式、职工队伍结构、劳动关系、就业形态等方面的发展变化，依法维护劳动者参加和组织工会的权利。"该规定从法律层面确定了新业态劳动者参加和组织工会的权利。全国总工会《关于切实维护新就业形态劳动者劳动保障权益的意见》要求，加强对新就业形态劳动者入会问题研究，加快制定出台相关指导性文件，对新建立平台企业工会组织和新就业形态劳动者入会予以引导和规范。强化分类指导，明确时间节点，集中推动重点行业企业特别是头部企业及其下属企业、关联企业依法普遍建立工会组织，积极探索适应货车司机、网约车司机、快递员、外卖配送员等不同职业特点的建会入会方式，通过单独建会、联合建会、行业建会、区域建会等多种方式扩大工会组织覆盖面，最大限度地吸引新就业形态劳动者加入工会。

工会是职工自愿结合的工人阶级群众组织，维护职工合法权益、竭诚服务职工群众是工会的基本职责。新就业形态劳动者是职工队伍的重要组成部分，在推动经济社会高质量发展中发挥着重要作用。组织新就业形态劳动者入会是各级工会为其提供维权服务的最基础环节。劳动者依法组建、加入工会，可以通过工会组织向企业反映诉求、参与民主管理，协商调解纠纷，获得综合性维权服务。

131 被平台要求注册为个体工商户还能够加入工会吗？

互联网平台要求在其平台就业的劳动者注册为个体工商户，目的是模糊事实劳动关系，规避用工主体责任，一旦发生劳动争议，新就业形态劳动者会由于劳动关系难以认定而导致维权困难。虽然设置了“个体工商户”这样的障碍，但是从法律上来讲，只要用工实际情况符合劳动关系构成要件，仍然应当认定双方存在劳动关系。劳动者在这种情况下，有权且应当加入工会。

律师提醒

工会有法定的地位和职能，有遍布全国的组织体系，能够通过集体的力量维护劳动者的合法权益。

132 加入工会享有哪些权利？

根据《中国工会章程》第三条的规定，劳动者加入工会后可以享受如下权利：

（1）选举权、被选举权和表决权。

（2）对工会工作进行监督，提出意见和建议，要求撤换或者罢免不称职的工会工作人员。

（3）对国家和社会生活问题及本单位工作提出批评与建议，要求工会组织向有关方面如实反映。

（4）在合法权益受到侵犯时，要求工会给予保护。

（5）工会提供的文化、教育、体育、旅游、疗休养、互助保障、生活救助、法律服务、就业服务等优惠待遇；工会给予的各种奖励。

（6）在工会会议和工会媒体上，参加关于工会工作和职工关心问题的讨论。

律师提醒

劳动者的合法权益遭到侵犯的，可以请求工会给予保护。

133 在一个城市加入工会后，转到其他城市工作会不会丢失工会会员关系？

根据全国总工会《关于推进新就业形态劳动者入会工作的若干意见（试行）》的要求，新就业形态劳动者会员工作关系在哪里，会籍就在哪里，实行一次入会、动态接转。各级工会要加强流动会员管理，畅通组织关系接转渠道；探索基层工会联合会直接发展会员方式；及时将新就业形态劳动者会员纳入基层工会组织和工会会员数据库实名动态管理，逐步打通网上接转会员组织关系通道。

律师提醒

因工作地点变动，不会丢失工会会员关系。

134 在直接涉及劳动者权益的制度规则制定过程中，工会发挥什么作用？

全国总工会在《关于切实维护新就业形态劳动者劳动保障权益的意见》中提到："切实维护合法权益。发挥产业工会作用，积极与行业协会、头部企业或企业代表组织就行业计件单价、订单分配、抽成比例、劳动定额、报酬支付办法、进入退出平台规则、工作时间、休息休假、劳动保护、奖惩制度等开展协商，维护新就业形态劳动者的劳动经济权益。督促平台企业在规章制度制定及算法等重大事项确定中严格遵守法律法规要求，通过职工代表大会、劳资恳谈会等民主管理形式听取劳动者意见诉求，保障好劳动者的知情权、参与权、表达权、监督权等民主政治权利。督促平台企业履行社会责任，促进新就业形态劳动者体面劳动、舒心工作、全面发展。加强工会劳动法律监督，配合政府及其有关部门监察执法，针对重大典型违法行为及时发声，真正做到哪里有职工，哪里就应该有工会组织，哪里的职工合法权益受到侵害，哪里的工会就要站出来说话。"

国家发布的维护新就业形态劳动者权益的相关政策文件中，也明确肯定了工会在涉及劳动者权益的制度规则制定中的作用。《关于维护新就业形态劳动者劳动保障权益的指导意见》提出，督促企业制定修订平台进入退出、订单分配、计件单价、抽成比例、报酬构成及支付、工作时间、奖惩等直接涉及劳动者权益的制度规则和平台算法，充分听取工会或劳动者代表的意见建议，将结果公示并告知劳动者。工会或劳动者代表提出协商要求的，企业应当积极响应，并提供必要的信息和资料。

《关于落实网络餐饮平台责任切实维护外卖送餐员权益的指导意见》要求，网络餐饮平台及第三方合作单位在制定调整考核、奖惩等涉及外卖送餐员切身利益的制度或重大事项时，应提前公示，充分听取外卖送餐员、工会等方面的意见。推动建立适应新就业形态的工会组织，积极吸纳外卖送餐员群体入会，引导帮助外卖送餐员参与工会事务，提高权益保障体系化、机制化水平。支持工会开展工作，参与外卖送餐员报酬规则、绩效考核、派单时间、劳动安全、工作条件等重要事项协商协调，保障外卖送餐员对涉及自身利益事项的知情权，为外卖送餐员提供依法维权咨询、政策宣传解读、技能培训、心理疏导、思想关爱、困难帮扶和送温暖等服务，维护外卖送餐员合法权益。

《关于加强交通运输新业态从业人员权益保障工作的意见》要求，督促企业制定劳动管理规章制度时听取工会、快递员代表意见，充分履行民主决策程序。

律师提醒

在企业制定或修订直接涉及劳动者权益的制度规则和平台算法时，工会可以代表劳动者提出意见建议，要求开展协商，企业有义务充分听取这些意见建议并积极响应协商。依法组建和加入工会，有利于劳动者集中智慧和力量，更加有效地参与企业相关制度规则制定，从源头上维护自身合法权益。

后　记

为深入学习宣传贯彻党的二十大精神，全面贯彻习近平新时代中国特色社会主义思想，深入贯彻习近平法治思想，大力践行以人民为中心的发展思想，更好满足以农民工为主体的新就业形态劳动者的法治需求，2023年，中华全国总工会、司法部和中华全国律师协会继续联合开展“尊法守法·携手筑梦”服务农民工公益法律服务行动。为配合活动的开展，我们组织编写了《职工权益维护法律知识微手册》。本手册从劳动合同、工作时间与休息休假、欠薪维权、职业病防治、女职工特殊权益保护、生活保障、劳动争议处理、工会维权、新冠病毒感染与劳动关系问题、新就业形态劳动者劳动保障权益维护等十个方面，就广大职工朋友最为关心的法律问题作了梳理及解答，重点解读了与新就业形态劳动者权益保障密切相关的法律法规及党和政府关于规范和发展平台经济、维护新就业形态劳动者权益的政策规定。希望本手册能够帮助广大职工特别是新就业形态劳动者更加准确地理解和掌握常用的法律法规知识及政策要求，更好地运用法律武器维护自身合法权益，同时帮助参与“尊法守法·携手筑梦”服务农民工公益法律服务行动的法律工作者更好地为广大职工提供法律服务。

本手册由中华全国总工会法律工作部组织编写，中华全国总工会女职工部、中国劳动关系学院法学院、中国政法大学民商经济法学院和北京致诚农民工法律援助与研究中心给予了大力支持和配合，在此表示诚挚感谢。因时间仓促、能力有限，本手册难免存在疏漏不当之处，敬请批评指正。

编　者

2023年4月

图书在版编目（CIP）数据

职工权益维护法律知识微手册 / 中华全国总工会法律工作部编著 .
—北京：中国工人出版社，2023.4
ISBN 978-7-5008-8170-4

Ⅰ . ①职…　Ⅱ . ①中…　Ⅲ . ①民工 – 权益保护 – 中国 – 手册
Ⅳ . ① D923.8-62

中国国家版本馆 CIP 数据核字（2023）第 051212 号

职工权益维护法律知识微手册

出 版 人　董　宽
责任编辑　赵晨羽
责任校对　张　彦
责任印制　栾征宇
出版发行　中国工人出版社
地　　址　北京市东城区鼓楼外大街45号　邮编：100120
网　　址　http://www.wp-china.com
电　　话　（010）62005043（总编室）
　　　　　　（010）62005039（印制管理中心）
　　　　　　（010）62382916（工会与劳动关系分社）
发行热线　（010）82029051　62383056
经　　销　各地书店
印　　刷　北京市密东印刷有限公司
开　　本　787毫米 × 1092毫米　1/32
印　　张　7.625
字　　数　120千字
版　　次　2023年5月第1版　2023年10月第2次印刷
定　　价　25.00元